1000
बिहार प्रश्नोत्तरी

1000
बिहार प्रश्नोत्तरी

अनीश भसीन

सत्साहित्य प्रकाशन, दिल्ली

प्रकाशक : सत्साहित्य प्रकाशन,
694–ए, (पहली मंजिल) चावड़ी बाजार, दिल्ली–110006
 / संस्करण : 2024 / मूल्य : पाँच सौ रुपए
मुद्रक : नरुला प्रिंटर्स, दिल्ली
ISBN 978-81-7721-128-3

1000 BIHAR PRASHNOTTARI
by Aneesh Bhaseen
₹ 500.00
Published by **SATSAHITYA PRAKASHAN**
694 (First Floor), Chawri Bazar, Delhi-110006

पूजनीय पिताजी श्री हरीश चंद्र भसीन

एवं

ममतामयी माता श्रीमती स्वर्ण भसीन

के श्रीचरणों में सादर समर्पित,

जिनका स्नेहमय सान्निध्य

मेरी प्रेरणा है और आशीर्वाद

मेरा संबल।

भूमिका

प्रस्तुत पुस्तक '1000 बिहार प्रश्नोत्तरी' आपके समक्ष प्रस्तुत करते हुए मुझे हार्दिक प्रसन्नता का अनुभव हो रहा है। बिहार की स्थिति प्राचीन काल से ही प्रादेशिक महत्त्व की रही है। बिहार राज्य का उल्लेख वेदों, पुराणों एवं महाकाव्यों तक में मिलता है। बिहार एक ऐसी भूमि है, जहाँ विश्व इतिहास के महान् नक्षत्र उदित हुए, जिन्होंने अपने ज्ञान के प्रकाश से विश्व को आलोकित किया। आज भी हम उन्हीं शक्तियों से प्रेरणा ग्रहण कर रहे हैं।

मौर्य साम्राज्य के समय से ही बौद्ध धर्म के प्रसार के कारण इस प्रदेश में अनेक बौद्ध विहारों का निर्माण हुआ था। इन बौद्ध विहारों के कारण ही बाद में इस प्रदेश को 'बिहार' कहा जाने लगा। इस प्रदेश में दिल्ली सल्तनत तथा मुगलों का शासन भी रहा था। इन दोनों के शासनकाल के मध्य में बिहार में शेरशाह सूरी का उदय हुआ, जो एक दिन भारत का शासक बन बैठा। मुगल सम्राट् अकबर ने बिहार को विजित कर अपने साम्राज्य के तहत इसे सूबा बनाया। औरंगजेब की मृत्यु के बाद बिहार बंगाल के नवाबों के प्रभाव में आया और 1757 ई. के प्लासी युद्ध में जब अंग्रेजों ने बंगाल के नवाब को पराजित किया तो बिहार पर ब्रिटिश ईस्ट इंडिया कंपनी का अधिकार हो गया।

ब्रिटिश शासनकाल में बंगाल, बिहार और उड़ीसा को एक साथ मिलाकर एक बड़ी प्रशासनिक इकाई का निर्माण किया गया, जो सन् 1911 तक बंगाल प्रेसीडेंसी का हिस्सा बना रहा। 1 अप्रैल, 1912 को बंगाल प्रेसीडेंसी से बिहार और उड़ीसा को संयुक्त रूप से पृथक् कर एक नए प्रांत का गठन किया गया। सन् 1936 में उड़ीसा को भी बिहार से अलग कर दिया गया। आजादी के कुछ वर्षों के बाद 1956 में राज्यों के पुनर्गठन के क्रम में बिहार के पुरुलिया जिले को पश्चिम बंगाल राज्य में मिला दिया गया। इसके लगभग 44 वर्षों के बाद 15 नवंबर, 2000 को पुन: बिहार का विभाजन हुआ और दक्षिणी भाग से एक नए राज्य 'झारखंड' का गठन किया गया।

अब थोड़ी चर्चा वस्तुनिष्ठ प्रश्नों पर। आज की भागमभाग की जीवनचर्या में सभी के पास समय का अभाव है। दूसरा, आज हर क्षेत्र में प्रतियोगिता का बोलबाला है। इसी को ध्यान में रखकर बिहार से संबंधित समस्त जानकारी वस्तुनिष्ठ प्रश्नों के रूप में दी गई है। पुस्तक को तैयार करते समय बिहार से संबंधित उन सभी विषयों को सम्मलित करने का प्रयास किया गया है, जिनके बारे में पाठकों को बहुत कम जानकारी है। प्रस्तुत पुस्तक में बिहार का इतिहास, राजनीतिक संरचना, भौगोलिक स्वरूप, उद्योग-धंधे, कृषि, वन, पयर्टन, शिक्षा, कला एवं संस्कृति, पुरस्कार व सम्मान एवं खेलकूद इत्यादि से संबंधित एक हजार प्रश्न दिए गए हैं और हर प्रश्न के साथ चार विकल्प दिए गए हैं, जिनमें से एक सही है। यह एक हजार जानकारियाँ सीधे-सादे ढंग से भी दी जा सकती थीं, लेकिन इस स्थिति में पाठकों के अंदर उत्सुकता नहीं जागती और स्वयं उत्तर खोजने का आनंद भी उन्हें नहीं मिलता। यह विधि अधिक रुचिकर है।

बिहार पर एक हजार क्या दस हजार प्रश्नोत्तर भी दिए जा सकते थे, लेकिन मेरे सामने एक सीमा-रेखा थी, जिसे ध्यान में रखना अनिवार्य था। कोई भी अधिक महत्त्वपूर्ण प्रश्नोत्तर छूटे नहीं, इसका यथासंभव ध्यान रखा गया है। इस पुस्तक की विषय-वस्तु को उपयोगी बनाने के लिए बिहार से संबंधित सोलह पुस्तकों से संदर्भ लिये गए हैं। इस महत्त्वपूर्ण सहयोग के लिए मैं इन पुस्तकों के लेखकों एवं प्रकाशकों का आभारी हूँ।

आशा है, यह पुस्तक प्रतियोगी परीक्षाओं के परीक्षार्थियों, विद्यार्थियों, शोधार्थियों एवं सामान्य पाठकों के लिए विशेष रूप से उपयोगी सिद्ध होगी।

—अनीश भसीन

सूची-क्रम

1

बिहार : एक नजर में

1. बिहार का नाम 'बिहार' कैसे पड़ा ?
   (क) भगवान् महावीर की कर्मस्थली के कारण
   (ख) बिहार में बौद्ध विहारों के अधिक संख्या में पाए जाने के कारण
   (ग) महात्मा बुद्ध की कर्मस्थली के कारण
   (घ) बिहार शरीफ स्थित होने के कारण
2. बिहार भारत के किस भाग में स्थित है ?
   (क) दक्षिण-पश्चिम (ख) उत्तर-पूर्व
   (ग) उत्तर-पश्चिम (घ) दक्षिण-पूर्व
3. बिहार राज्य की उत्तर से दक्षिण की अधिकतम लंबाई कितनी है ?
   (क) 320 कि.मी. (ख) 344 कि.मी.
   (ग) 362 कि.मी. (घ) 372 कि.मी.
4. बिहार राज्य की पूर्व से पश्चिम की अधिकतम चौड़ाई कितनी है ?
   (क) 453 कि.मी. (ख) 458 कि.मी.
   (ग) 473 कि.मी. (घ) 483 कि.मी.
5. 'बिहार-दिवस' कब मनाया जाता है ?
   (क) 22 फरवरी (ख) 22 मार्च
   (ग) 22 अप्रैल (घ) 22 जून
6. बिहार का 'राजकीय चिह्न' क्या है ?
   (क) सिंह (ख) बोधिवृक्ष

उत्तर के लिए कृपया पृष्ठ सं. 145 देखें।

(ग) मोर (घ) मछली

7. बिहार का 'राजकीय पक्षी' कौन सा है ?
(क) तोता (ख) फाख्ता
(ग) कबूतर (घ) चिड़िया

8. बिहार का 'राजकीय पशु' कौन सा है ?
(क) रीछ (ख) गाय
(ग) शेर (घ) भेड़

9. बिहार का सर्वाधिक वर्षावाला स्थान कौन सा है ?
(क) नालंदा (ख) भागलपुर
(ग) किशनगंज (घ) सासाराम

10. बिहार का सर्वाधिक औसत आर्द्रतावाला स्थान कौन सा है ?
(क) मुजफ्फरपुर (ख) मुंगेर
(ग) पटना (घ) भागलपुर

11. बिहार राज्य की स्थापना की घोषणा किस दिन हुई थी ?
(क) 1 दिसंबर, 1911 (ख) 12 दिसंबर 1911
(ग) 1 अप्रैल, 1912 (घ) 1 सितंबर, 1912

12. बिहार और उड़ीसा को बंगाल से अलग करके एक पृथक् प्रांत के रूप में कब गठित किया गया ?
(क) 1906 ई. में (ख) 1912 ई. में
(ग) 1926 ई. में (घ) 1936 ई. में

13. बिहार से उड़ीसा को पृथक् करके एक नया प्रांत कब बनाया गया था ?
(क) 1912 ई. में (ख) 1916 ई. में
(ग) 1936 ई. में (घ) 1938 ई. में

14. सन् 1956 में राज्य पुनर्गठन के समय बिहार का कौन सा जिला प. बंगाल में शामिल किया गया था ?
(क) मिदनापुर (ख) पुरुलिया
(ग) बाँकुरा (घ) उपर्युक्त में कोई नहीं

15. बिहार से झारखंड का विभाजन किस दिन हुआ ?
(क) 11 नवंबर, 2000 (ख) 15 नवंबर, 2000
(ग) 1 नवंबर, 2001 (घ) 15 नवंबर, 2001

16. बिहार के प्रथम राज्यपाल कौन थे ?

उत्तर के लिए कृपया पृष्ठ सं. 145 देखें।

(क) डॉ. जाकिर हुसैन (ख) डॉ. राजेंद्र प्रसाद
(ग) जय रामदयाल दौलतराम (घ) माधव श्रीहरि अणे

17. बिहार के प्रथम मुख्यमंत्री कौन थे ?
(क) भोला पासवान शास्त्री (ख) कृष्ण वल्लभ सहाय
(ग) श्रीकृष्ण सिंह (घ) दीप नारायण सिंह

18. बिहार से लोकसभा में सांसदों की संख्या कितनी है ?
(क) 56 (ख) 16
(ग) 40 (घ) 24

19. बिहार से राज्यसभा में सांसदों की संख्या कितनी है ?
(क) 40 (ख) 16
(ग) 12 (घ) 14

20. बिहार में उच्च न्यायालय कहाँ स्थित है ?
(क) मुजफ्फरपुर (ख) पटना
(ग) वैशाली (घ) नालंदा

21. सन् 2001 में झारखंड राज्य बनने के बाद अब बिहार राज्य का क्षेत्रफल कितना है ?
(क) 91,163 वर्ग कि.मी. (ख) 92,163 वर्ग कि.मी.
(ग) 93,163 वर्ग कि.मी. (घ) 94,163 वर्ग कि.मी.

22. क्षेत्रफल की दृष्टि से भारत के राज्यों में बिहार का कौन सा स्थान है ?
(क) पाँचवाँ (ख) सातवाँ
(ग) नौवाँ (घ) बारहवाँ

23. बिहार का क्षेत्रफल भारत के कुल क्षेत्रफल का कितना प्रतिशत है ?
(क) 2.16% (ख) 2.86%
(ग) 2.94% (घ) 3.6%

24. बिहार राज्य की सीमा से निम्नलिखित में से किस राज्य की सीमा स्पर्श नहीं करती है ?
(क) पश्चिम बंगाल (ख) उत्तर प्रदेश
(ग) झारखंड (घ) मध्य प्रदेश

25. बिहार के कुल कितने जिलों की सीमा नेपाल से लगती है ?
(क) 2 (ख) 4

उत्तर के लिए कृपया पृष्ठ सं. 145 देखें।

(ग) 7 (घ) 8

26. समुद्र-तट से बिहार की दूरी कितनी है ?
(क) 100 कि.मी. (ख) 150 कि.मी.
(ग) 200 कि.मी. (घ) 250 कि.मी.

27. समुद्र तल से बिहार की ऊँचाई कितनी है ?
(क) 153 फीट (ख) 161 फीट
(ग) 148 फीट (घ) 173 फीट

28. बिहार की प्रथम राजभाषा हिंदी है, द्वितीय राजभाषा कौन सी है ?
(क) संथाली (ख) उर्दू
(ग) बोडो (घ) मैथिली

29. बिहार में कुल कितने प्रमंडल हैं ?
(क) 7 (ख) 9
(ग) 10 (घ) 11

30. बिहार में वर्तमान में 38 जिले हैं। झारखंड राज्य बनने से पहले बिहार में कितने जिले थे ?
(क) 50 (ख) 52
(ग) 54 (घ) 58

31. सन् 2001 की जनगणना के अनुसार बिहार की कुल जनसंख्या कितनी है ?
(क) 8,09,98,569 (ख) 8,19,96,561
(ग) 8,29,98,509 (घ) 8,49,95,507

32. बिहार में भारत की कुल जनसंख्या का कितना प्रतिशत निवास करता है ?
(क) 7.07% (ख) 8.01%
(ग) 8.07% (घ) 9.06%

33. जनसंख्या की दृष्टि से भारत के राज्यों में बिहार का कौन सा स्थान है ?
(क) पहला (ख) तीसरा
(ग) पाँचवाँ (घ) नौवाँ

34. सन् 2001 की जनगणना के अनुसार बिहार में नगरीय जनसंख्या का प्रतिशत कितना है ?
(क) 8.9% (ख) 10.47%
(ग) 11.06% (घ) 13.01%

उत्तर के लिए कृपया पृष्ठ सं. 145 देखें।

35. सन् 2001 की जनगणना के अनुसार बिहार में ग्रामीण जनसंख्या का प्रतिशत कितना है?

(क) 82.34% (ख) 84.34%

(ग) 86.53% (घ) 89.53%

36. जनसंख्या घनत्व की दृष्टि से भारत के राज्यों में बिहार का कौन सा स्थान है?

(क) चौथा (ख) पाँचवाँ

(ग) तीसरा (घ) सातवाँ

37. सन् 2001 की जनगणना के अनुसार बिहार का जनसंख्या घनत्व कितना है?

(क) 880 व्यक्ति प्रति वर्ग कि.मी. (ख) 881 व्यक्ति प्रति वर्ग कि.मी.

(ग) 886 व्यक्ति प्रति वर्ग कि.मी. (घ) 894 व्यक्ति प्रति वर्ग कि.मी.

38. बिहार में प्रति हजार पुरुषों पर महिलाओं की संख्या कितनी है?

(क) 911 (ख) 918

(ग) 919 (घ) 968

39. बिहार के किन चार जिलों में महिलाओं की संख्या पुरुषों से अधिक है?

(क) बक्सर-कैमूर-रोहतास-जहानाबाद

(ख) गया-नालंदा-वैशाली-जमुई

(ग) गोपालगंज-सीवान-पटना-नालंदा

(घ) पूर्वी चंपारण-पश्चिमी चंपारण-सीतामढ़ी-किशनगंज

40. सन् 2001 की जनगणना के अनुसार बिहार में कुल कितने व्यक्ति साक्षर हैं?

(क) 30,67,060 (ख) 31,67,567

(ग) 33,67,090 (घ) 34,67,068

41. साक्षरता की दृष्टि से भारत के राज्यों एवं केंद्र-शासित क्षेत्रों में बिहार का कौन सा स्थान है?

(क) 25वाँ (ख) 28वाँ

(ग) 32वाँ (घ) 35वाँ

42. बिहार में सर्वाधिक साक्षरता इनमें से किसकी है?

उत्तर के लिए कृपया पृष्ठ सं. 145 देखें।

(क) ग्रामीण पुरुष (ख) ग्रामीण महिला
(ग) नगरीय पुरुष (घ) नगरीय महिला

43. बिहार में कुल जनसंख्या का कितना भाग कार्यशील है ?
(क) एक-चौथाई (ख) एक-तिहाई
(ग) आधा (घ) दो-तिहाई

44. बिहार राज्य की कुल कितने प्रतिशत जनसंख्या कृषि कार्य में संलग्न है ?
(क) 66% (ख) 76%
(ग) 84% (घ) 86%

45. बिहार की अर्थव्यवस्था का मुख्य आधार क्या है ?
(क) कृषि (ख) उद्योग
(ग) पर्यटन (घ) खनन

46. बिहार का अभिशाप किस नदी को कहा जाता है ?
(क) गंडक नदी (ख) दामोदर नदी
(ग) कोसी नदी (घ) गोमती नदी

47. निम्नलिखित में से किस शहर को बिहार की 'इलेक्ट्रॉनिक नगरी' कहा जाता है ?
(क) वैशाली (ख) पटना
(ग) हाजीपुर (घ) मुंगेर

48. बिहार राज्य में कौन सा सिंचाई का साधन सर्वाधिक उपयोग में लाया जाता है ?
(क) तालाब (ख) नहर
(ग) नलकूप (घ) उपर्युक्त सभी

49. बिहार का सबसे बड़ा पशु मेला कौन सा है ?
(क) वैशाली का मेला (ख) मलमास का मेला
(ग) सोनपुर का मेला (घ) विष्णु का मेला

50. बिहार में कहाँ के मानसून से वर्षा होती है ?
(क) अरब सागर (ख) हिंद महासागर
(ग) बंगाल की खाड़ी (घ) उपर्युक्त में से कोई नहीं

51. बिहार राज्य का सर्वाधिक ऊँचा स्थान कौन सा है ?
(क) गृहकूट की पहाड़ी (ख) राजगीर की पहाड़ी
(ग) कैमूर की पहाड़ी (घ) बाँका की पहाड़ी

उत्तर के लिए कृपया पृष्ठ सं. 145-146 देखें।

52. बिहार का सबसे गरम स्थल कौन सा है ?
(क) किशनगंज (ख) नालंदा
(ग) भागलपुर (घ) गया

53. बिहार में मानसून का प्रवेश कब होता है ?
(क) 9–10 मई (ख) 29–30 मई
(ग) 9–10 जून (घ) 29–30 जून

54. बिहार के किस भाग को 'भारत का उद्यान' कहा जाता है ?
(क) पूर्वी बिहार (ख) पश्चिमी बिहार
(ग) उत्तरी बिहार का तराई प्रदेश (घ) गंगा का मैदानी भाग

55. बिहार की जलवायु में कितनी ऋतुएँ शामिल हैं ?
(क) ग्रीष्म, वर्षा व शीत (ख) ग्रीष्म, वसंत व वर्षा
(ग) ग्रीष्म व वर्षा (घ) शीत एवं वर्षा

56. बिहार की जलवायु कैसी है ?
(क) उष्ण–आर्द्र जलवायु (ख) मानसूनी जलवायु
(ग) भूमध्यरेखीय जलवायु (घ) उष्ण–आर्द्र जलवायु

57. बिहार की प्रथम रेलवे लाइन का निर्माण किस स्थान के मध्य हुआ था ?
(क) दिल्ली से मुगलसराय (ख) दिल्ली से पटना
(ग) मुगलसराय से कलकत्ता (घ) पटना से राँची

58. बिहार से गुजरनेवाले राष्ट्रीय राजमार्ग (ग्रांड ट्रंक रोड) का निर्माण किसने कराया था ?
(क) सिकंदर लोदी (ख) इब्राहिम लोदी
(ग) सम्राट् अकबर (घ) शेरशाह सूरी

59. बिहार का 'ग्रांड ट्रंक रोड' किस राष्ट्रीय राजमार्ग के नाम से जाना जाता है ?
(क) राष्ट्रीय राजमार्ग–1 (ख) राष्ट्रीय राजमार्ग–2
(ग) राष्ट्रीय राजमार्ग–3 (घ) राष्ट्रीय राजमार्ग–4

60. बिहार में निम्नलिखित में से किस महान् व्यक्ति का जन्म नहीं हुआ ?
(क) डॉ. राजेंद्र प्रसाद (ख) गुरु गोविंद सिंह
(ग) भगवान् महावीर (घ) भगवान् श्रीकृष्ण

□

उत्तर के लिए कृपया पृष्ठ सं. 146 देखें।

2

प्राचीन बिहार

61. 'बिहार' शब्द का उल्लेख किस ऐतिहासिक ग्रंथ में मिलता है ?
    (क) अर्थशास्त्र
    (ख) नवाकत-ए-नासिरी
    (ग) कीर्तिकला
    (घ) नवाकत-ए-नासिरी एवं कीर्तिलता
62. वैदिक काल में बिहार का प्राचीन नाम क्या था ?
    (क) पावापुरी (ख) पुष्पपुरी
    (ग) पाटलिपुत्र (घ) प्राच्य (पूर्व देश)
63. सर्वप्रथम किस वैदिक ग्रंथ में 'मगध' नाम का उल्लेख मिलता है ?
    (क) यजुर्वेद (ख) अथर्ववेद
    (ग) सामवेद (घ) ऋग्वेद
64. 'मगध' महाजनपद की राजधानी क्या थी ?
    (क) नालंदा (ख) गया
    (ग) राजगृह (घ) वैशाली
65. ईसा पूर्व छठी शताब्दी में विश्व की प्रथम गणतंत्रात्मक व्यवस्था कहाँ थी ?
    (क) बोधगया (ख) वैशाली
    (ग) पाटलिपुत्र (घ) नालंदा
66. बिहार के प्राचीन राजवंशों में निम्नलिखित में से कौन शामिल नहीं था ?
    (क) मौर्य वंश (ख) गुप्त वंश
    (ग) कलिंग वंश (घ) नंद वंश
67. बिहार के किस स्थान पर प्रथम जैन सम्मेलन हुआ था ?

उत्तर के लिए कृपया पृष्ठ सं. 146 देखें।

(क) वैशाली (ख) राजगृह

(ग) पाटलिपुत्र (घ) नालंदा

68. जैन धर्म के प्रवर्तक भगवान् महावीर को निर्वाण कहाँ प्राप्त हुआ ?

(क) पावापुरी (ख) गया

(ग) नालंदा (घ) पाटलिपुत्र

69. वैशाली के समीप 'कुंडग्राम' में जैन धर्म के 24वें तीर्थंकर भगवान् महावीर का जन्म किस वर्ष हुआ था ?

(क) 470 ई. पू. (ख) 540 ई. पू.

(ग) 573 ई. पू. (घ) 589 ई. पू.

70. भगवान् महावीर ने जैन धर्म के प्रचार के लिए निम्नलिखित में से किस भाषा का प्रयोग किया था ?

(क) संस्कृत (ख) पालि

(ग) ब्राह्मी (घ) प्राकृत

71. जैन धर्म के प्रथम तीर्थंकर कौन थे ?

(क) पार्श्वनाथ (ख) ऋषभनाथ

(ग) भगवान् महावीर (घ) आदिनाथ

72. बिहार में किस महापुरुष ने ज्ञान प्राप्त किया था ?

(क) गौतम बुद्ध (ख) श्रीकृष्ण

(ग) अशोक (घ) गुरु नानक

73. बौद्ध धर्म के 'आष्टांगिक मार्ग' में निम्नलिखित में से कौन सा सिद्धांत नहीं था ?

(क) सम्यक् वाक् (ख) सम्यक् चरित्र

(ग) सम्यक् दृष्टि (घ) सम्यक् स्मृति

74. बोधगया में स्थित बोधिवृक्ष, जिसके नीचे भगवान् बुद्ध को ज्ञान प्राप्त हुआ था, का निर्माण निम्नलिखित में से किस शासक द्वारा किया गया ?

(क) बख्तियार खिलजी (ख) महमूद गजनवी

(ग) गौड़ के समाट् शशांक (घ) हूण राजा मिहिरकुल

75. बिहार में बुद्ध की सबसे प्राचीनतम मूर्ति कहाँ से मिली है ?

(क) पाटलिपुत्र (ख) बक्सर

(ग) बोधगया (घ) नालंदा

उत्तर के लिए कृपया पृष्ठ सं. 146 देखें।

76. बिहार के निम्नलिखित में से किस स्थान से पुरा पाषाण काल के अवशेष मिले हैं?

(क) बक्सर (ख) मुंगेर

(ग) दरभंगा (घ) पूर्णिया

77. बिहार के किस स्थान से उत्तर पाषाण काल के पुरातात्त्विक अवशेष मिले हैं?

(क) समस्तीपुर (ख) चिरांद

(ग) वैशाली (घ) गया

78. निम्नलिखित में से बिहार के किस स्थान पर अशोक के अभिलेख मिले हैं?

(क) लोरिया-नंदनगढ़ (चंपारण) (ख) लोरिया-अरेराज (चंपारण)

(ग) रामपुरवा (चंपारण) (घ) उपर्युक्त सभी

79. मौर्य कालीन इतिहास के महत्त्वपूर्ण साक्ष्य बिहार के किस स्थान से प्राप्त हुए हैं?

(क) राजगीर (ख) पटना

(ग) कुम्हरार (घ) गया

80. किस प्राचीन ग्रंथ में बिहार के निवासियों को 'कीकट' कहा गया है?

(क) ऋग्वेद (ख) सामवेद

(ग) यजुर्वेद (घ) अथर्ववेद

81. बिहार क्षेत्र की चर्चा सबसे पहले किस साहित्यिक रचना में मिलती है?

(क) यजुर्वेद (ख) अथर्ववेद

(ग) शतपथ ब्राह्मण (घ) उपर्युक्त में से कोई नहीं

82. निम्नलिखित में से कौन सा प्राचीन काल में पटना का नाम नहीं रहा?

(क) कुसुमपुर (ख) पुष्पपुरी

(ग) पावापुरी (घ) पाटलिपुत्र

83. बिहार के प्राचीन व नवीन नगरों के जोड़ों में कौन सा जोड़ा गलत है?

	प्राचीन		**नवीन नगर**
(क)	ओदंतपुरी	–	बिहार शरीफ
(ख)	वैशाली	–	चंपारण
(ग)	वज्रासन	–	बोधगया
(घ)	पाटलिपुत्र	–	पटना

उत्तर के लिए कृपया पृष्ठ सं. 146 देखें।

84. बिहार के प्रमुख राजवंश व संबंधित राजाओं के जोड़ों में कौन सा जोड़ा गलत है?

राजवंश		राजा
(क) हर्यक वंश	–	अजातशत्रु
(ख) शिशुनाग वंश	–	कालाशोक
(ग) नंद वंश	–	बिंबसार
(घ) मौर्य वंश	–	बिंदुसार

85. निम्नलिखित में से किस शासक ने नंद वंश के शासक घनानंद को पराजित कर मौर्य वंश की स्थापना की थी?

(क) बिंदुसार (ख) चंद्रगुप्त मौर्य
(ग) बिंबिसार (घ) अशोक

86. किस राजा के दरबार में यूनानी राजदूत मेगस्थनीज रहता था?

(क) चंद्रगुप्त मौर्य (ख) चंद्रगुप्त विक्रमादित्य
(ग) अशोक (घ) बिंदुसार

87. मेगस्थनीज ने अपने 'इंडिका' नामक ग्रंथ में भारत के चार नगरों का उल्लेख किया, निम्नलिखित में से कौन सा एक बिहार का नगर था?

(क) तक्षशिला (ख) पाटलिपुत्र
(ग) उज्जैन (घ) उपर्युक्त सभी

88. बिहार में सर्वप्रथम आनेवाला विदेशी यात्री कौन था?

(क) ह्वेनसांग (ख) फाह्यान
(ग) मेगस्थनीज (घ) इत्सिंग

89. बिहार में प्रथम बौद्ध संगीति का आयोजन कहाँ हुआ था?

(क) वैशाली (ख) राजगृह
(ग) पाटलिपुत्र (घ) गया

90. किस शासक के काल में प्रथम बौद्ध संगीति का आयोजन हुआ था?

(क) अशोक (ख) अजातशत्रु
(ग) कालाशोक (घ) कनिष्क

91. वैशाली में द्वितीय बौद्ध संगीति का आयोजन कब हुआ था?

(क) 383 ई. पू. (ख) 347 ई. पू.
(ग) 247 ई. पू. (घ) 283 ई. पू.

उत्तर के लिए कृपया पृष्ठ सं. 146 देखें।

92. किस शासक के काल में वैशाली में द्वितीय बौद्ध संगीति का आयोजन किया गया था ?

(क) महाकस्सप (ख) बिंबसार
(ग) कालाशोक (घ) वसुमित्र

93. वैशाली में आयोजित द्वितीय बौद्ध संगीति की अध्यक्षता किसने की थी ?

(क) महाकस्सप (ख) मोगालिपुत्र तिष्या
(ग) सब्बाकामी (घ) वसुमित्र

94. पाटलिपुत्र में तृतीय बौद्ध संगीति का आयोजन कब हुआ था ?

(क) 247 ई. पू. (ख) 206 ई. पू.
(ग) 226 ई. पू. (घ) 198 ई. पू.

95. किस शासक के काल में पाटलिपुत्र में तृतीय बौद्ध संगीति का आयोजन किया गया था ?

(क) बिंदुसार (ख) कनिष्क
(ग) अशोक (घ) चंद्रगुप्त मौर्य

96. अशोक के काल में पाटलिपुत्र में आयोजित तृतीय बौद्ध संगीति की अध्यक्षता किस बौद्ध विद्वान् ने की थी ?

(क) अजातशत्रु (ख) कालाशोक
(ग) उपगुप्त (घ) मोगालिपुत्र तिष्या

97. निम्नलिखित में कौन सी बौद्ध संगीति बिहार में नहीं हुई थी ?

(क) प्रथम (ख) द्वितीय
(ग) तृतीय (घ) चतुर्थ

98. गुप्त वंश के किस शासक ने 'महाराजाधिराज' की उपाधि धारण की थी ?

(क) समुद्रगुप्त (ख) रामगुप्त
(ग) चंद्रगुप्त प्रथम (घ) स्कंदगुप्त

99. गुप्त वंश के किस शासक ने 'विक्रमादित्य' की उपाधि धारण की थी ?

(क) चंद्रगुप्त प्रथम (ख) चंद्रगुप्त द्वितीय
(ग) समुद्रगुप्त (घ) स्कंदगुप्त

100. बिहार में नालंदा विश्वविद्यालय की स्थापना किस समाट् के प्रयासों से हुई थी ?

क) चंद्रगुप्त द्वितीय (ख) समुद्रगुप्त
(ग) कुमारगुप्त प्रथम (घ) गोपाल

उत्तर के लिए कृपया पृष्ठ सं. 146 देखें।

101. बिहार के प्राचीन नालंदा विश्वविद्यालय में शिक्षा का माध्यम क्या था?

(क) संस्कृत (ख) पालि

(ग) बँगला (घ) हिंदी

102. चीनी यात्री ह्वेनसांग ने बिहार में 625 ई. से 640 ई. तक किस विश्वविद्यालय में अध्ययन किया था?

(क) नालंदा विश्वविद्यालय (ख) ओदंतपुरी विश्वविद्यालय

(ग) विक्रमशिला विश्वविद्यालय (घ) उपर्युक्त में से कोई नहीं

103. बिहार के प्राचीन नालंदा विश्वविद्यालय में कुल तीन पुस्तकालय थे, निम्नलिखित में से कौन सा पुस्तकालय वहाँ नहीं था?

(क) रत्नज्योति पुस्तकालय (ख) रत्नोदधि पुस्तकालय

(ग) रत्नसागर पुस्तकालय (घ) रत्नरंजक पुस्तकालय

104. बिहार के किस नगर से भारत के महान् ज्योतिषाचार्य 'आर्यभट' का गहरा संबंध रहा था?

(क) पाटलिपुत्र (ख) भागलपुर

(ग) नालंदा (घ) गया

105. चीनी यात्री 'इत्सिंग' ने बिहार का भ्रमण कब किया था?

(क) 603 ई. में (ख) 613 ई. में

(ग) 673 ई. में (घ) 693 ई. में

106. बिहार शरीफ में स्थित ओदंतपुरी विश्वविद्यालय की स्थापना किसने की थी?

(क) धर्मपाल (ख) गोपाल

(ग) देवपाल (घ) महिपाल प्रथम

107. विक्रमशिला विश्वविद्यालय की स्थापना का श्रेय किस शासक को है?

(क) धर्मपाल (ख) महिपाल प्रथम

(ग) देवपाल (घ) गोपाल

108. बिहार के निम्नलिखित किस स्थान पर विक्रमशिला विश्वविद्यालय अवस्थित है?

(क) नालंदा (ख) बिहार शरीफ

(ग) भागलपुर (घ) मुंगेर

□

उत्तर के लिए कृपया पृष्ठ सं. 146 देखें।

3

मध्यकालीन बिहार

109. पाल वंश के बाद बिहार पर बारहवीं सदी में किस वंश के आधिपत्य के प्रमाण मिलते हैं ?

(क) नूहानी वंश (ख) खिलजी वंश
(ग) गुहड़वाल वंश (घ) तुगलक वंश

110. बारहवीं सदी के प्रथम दशक में किसके राज्यकाल में बिहार में एक शक्तिशाली राज्य की नींव रखी गई थी ?

(क) बदार खाँ लोहानी (ख) शेरशाह सूरी
(ग) मदनपाल (घ) सिकंदर लोदी

111. प्रमुख राजवंश एवं उनसे संबंधित राजाओं/सुल्तानों के जोड़ों में से कौन सा जोड़ा गलत है ?

राजवंश		राजा
(क) दास वंश	–	इल्तुतमिश
(ख) खिलजी वंश	–	बलबन
(ग) तुगलक वंश	–	अलाउद्दीन सिकंदर शाह
(घ) लोदी वंश	–	सिकंदर लोदी

112. बिहार में खिलजी वंश के समय के कुछ सिक्के किस स्थान से मिले हैं ?

(क) लोरिया (चंपारण) (ख) सासाराम (रोहतास)
(ग) बेतिया (चंपारण) (घ) शाहपुर (भोजपुर)

113. किस सुल्तान ने दरभंगा का नाम बदलकर 'तुगलकपुर' रख दिया था ?

(क) मोहम्मद बिन तुगलक (ख) फिरोजशाह तुगलक
(ग) सिकंदर लोदी (घ) इब्राहिम लोदी

उत्तर के लिए कृपया पृष्ठ सं. 146 देखें।

114. तुगलक काल में बिहार की राजधानी क्या थी ?
(क) पटना (ख) बिहार शरीफ
(ग) बोधगया (घ) वैशाली

115. विदेशी यात्री इब्नबतूता किसके शासनकाल में भारत आया था ?
(क) फिरोजशाह तुगलक (ख) मोहम्मद बिन तुगलक
(ग) बलबन (घ) अलाउद्दीन खिलजी

116. बिहार के नालंदा विश्वविद्यालय को नष्ट करनेवाला कौन सा शासक था ?
(क) बख्तियार खिलजी (ख) मुबारक शाह खिलजी
(ग) जलाउद्दीन खिलजी (घ) अलाउद्दीन खिलजी

117. इब्राहिम लोदी के काल में बिहार का सूबेदार (गवर्नर) कौन था, जिसने सुल्तान के विरुद्ध विद्रोह किया था ?
(क) महमूद लोदी (ख) दरिया खाँ नूहानी
(ग) शेर खाँ (घ) फरीद

118. किसके शासनकाल में बिहार में नूहानी वंश का उदय हुआ था ?
(क) सिकंदर लोदी (ख) इब्राहिम लोदी
(ग) मोहम्मद बिन तुगलक (घ) फिरोजशाह तुगलक

119. दरिया खाँ नूहानी को बिहार का शासक किस काल में बनाया गया था ?
(क) 1416–18 ई. (ख) 1495–1522 ई.
(ग) 1565–92 ई. (घ) 1435–52 ई.

120. मध्यकाल के किस शासक के शासन काल में बिहार का समूचे उत्तर भारत में राजनीतिक प्रभाव था ?
(क) मोहम्मद बिन तुगलक (ख) शेरशाह सूरी
(ग) अलाउद्दीन खिलजी (घ) बलबन

121. शेरशाह को 'शेर खाँ' की उपाधि किस सुल्तान ने दी थी ?
(क) बहार खाँ (ख) इब्राहिम लोदी
(ग) हर्षवर्धन (घ) अकबर

122. बिहार के किस नगर में 'शेरशाह सूरी का मकबरा' स्थित है ?
(क) सारण (ख) सासाराम
(ग) सिवान (घ) सुपौल

123. 'शेरशाह सूरी की मसजिद' बिहार में कहाँ स्थित है ?

उत्तर के लिए कृपया पृष्ठ सं. 146-147 देखें।

(क) सासाराम (ख) पटना
(ग) नालंदा (घ) गया

124. शेरशाह सूरी के पिता 'हसन सूर का मकबरा', जिसे 'सूखा मकबरा' भी कहा जाता है, बिहार में कहाँ स्थित है ?
(क) रोहतासगढ़ (ख) सासाराम
(ग) पटना (घ) मुजफ्फरपुर

125. बिहार के किस स्थान पर जून 1539 में शेरशाह का हुमायूँ से युद्ध हुआ था?
(क) बक्सर (ख) चंपारण
(ग) चौसा (घ) मुजफ्फरपुर

126. किस वर्ष शेरशाह सूरी ने पटना को राजधानी बनाया ?
(क) 1539 (ख) 1541
(ग) 1547 (घ) 1555

127. निम्नलिखित में से किस शासक ने 'पाटलिपुत्र' का नाम बदलकर 'पटना' रखा था ?
(क) औरंगजेब (ख) अकबर
(ग) जहाँगीर (घ) शेरशाह सूरी

128. निम्नलिखित में से बिहार में अंतिम अफगान सुल्तान कौन था ?
(क) सुलेमान करारानी (ख) दाऊद खाँ करारानी
(ग) सिकंदर लोदी (घ) बहार खाँ

129. प्रशासन के क्षेत्र में शेरशाह सूरी को 'अकबर का पूर्वगामी' क्यों माना जाता है ?
(क) उसने अकबर को प्रशासन का प्रशिक्षण दिया
(ख) उसने अकबर से पहले प्रशासन किया
(ग) उसकी प्रशासकीय नीतियों को अकबर ने अपनाया
(घ) उसने प्रशासन के क्षेत्र में काफी सुधार किए

130. किस मुगल समाट् ने सर्वप्रथम बिहार को अपने साम्राज्य में मिलाया था ?
(क) अकबर (ख) जहाँगीर
(ग) औरंगजेब (घ) शाहजहाँ

131. औरंगजेब ने जब सत्ता सँभाली तो बिहार का सूबेदार किसे नियुक्त किया ?

उत्तर के लिए कृपया पृष्ठ सं. 147 देखें।

(क) सईद खाँ (ख) दाऊद खाँ कुरैशी
(ग) कुँवर मानसिंह (घ) मिर्जा यूसुफ

132. औरंगजेब के समय पटना का नाम बदलकर क्या रखा गया था?
(क) फतेहाबाद (ख) अजीमाबाद
(ग) औरंगाबाद (घ) शाहजहाँनाबाद

133. किस ईरानी यात्री ने 1619 ई. में बिहार की यात्रा की?
(क) इब्नबतूता (ख) मोहम्मद सादिक
(ग) इत्सिंग (घ) मुल्ला बहबहानी

134. पटना में गुरु गोविंद सिंह का जन्म किस वर्ष हुआ था?
(क) 1506 (ख) 1536
(ग) 1666 (घ) 1706

135. सिखों को एक सैनिक एवं लड़ाकू समुदाय में परिवर्तित करने का श्रेय किस सिख गुरु का था?
(क) गुरु नानक (ख) गुरु हरगोविंद
(ग) गुरु तेग बहादुर (घ) गुरु गोविंद सिंह

136. किस वर्ष बिहार में अंग्रेजों ने पहली फैक्टरी लगाई थी?
(क) 1638 (ख) 1648
(ग) 1658 (घ) 1678

□

उत्तर के लिए कृपया पृष्ठ सं. 147 देखें।

4
आधुनिक बिहार

137. बिहार में बक्सर का युद्ध कब हुआ था?
(क) 1757 ई. में (ख) 1764 ई. में
(ग) 1767 ई. में (घ) 1857 ई. में

138. निम्नलिखित में से किस युद्ध के बाद ईस्ट इंडिया कंपनी को बिहार, बंगाल व उड़ीसा में दीवानी (लगान वसूली) का अधिकार प्राप्त हुआ था?
(क) प्लासी के युद्ध (ख) बक्सर के युद्ध
(ग) चौसा के युद्ध (घ) 1857 के विद्रोह

139. किस एक्ट (अधिनियम) के माध्यम से 'बिहार परिषद्' को समाप्त कर एक 'प्रांतीय सभा' का गठन किया गया था?
(क) रेग्यूलेटिंग एक्ट, 1773 (ख) पिट्स इंडिया एक्ट, 1784
(ग) चार्टर एक्ट, 1793 (घ) चार्टर एक्ट, 1813

140. बिहार में वहाबी आंदोलन कब प्रारंभ हुआ था?
(क) 1821 ई. में (ख) 1831 ई. में
(ग) 1836 ई. में (घ) 1841 ई. में

141. बिहार में 'गो-हत्या' रोकने के लिए गोरक्षिणी सभाओं की स्थापना कब हुई थी?
(क) 1816 ई. में (ख) 1822 ई. में
(ग) 1836 ई. में (घ) 1844 ई. में

142. निम्नलिखित में से कौन सा बिहार का जनजातीय विद्रोह है?
(क) मुंडा विद्रोह (ख) कोल विद्रोह
(ग) संथाली विद्रोह (घ) उपर्युक्त सभी

उत्तर के लिए कृपया पृष्ठ सं. 147 देखें।

143. निम्नलिखित में से कौन सा विद्रोह बिहार में सर्वप्रथम हुआ था?

(क) कोल विद्रोह (ख) संथाल विद्रोह

(ग) भूमिज विद्रोह (घ) मुंडा विद्रोह

144. बिहार के जनजातीय विद्रोह में कौन सा विद्रोह बिरसा मुंडा के नेतृत्व में हुआ था?

(क) कोल विद्रोह (ख) भूमिज विद्रोह

(ग) संथाल विद्रोह (घ) मुंडा विद्रोह

145. सन् 1857 के विद्रोह का नेतृत्व बिहार में किस महायोद्धा ने किया था?

(क) तात्या टोपे (ख) नाना साहब

(ग) कुँवर सिंह (घ) रामकुमार शुक्ल

146. सन् 1857 के स्वतंत्रता सेनानी कुँवर सिंह का जन्मस्थल बिहार में कहाँ है?

(क) नालंदा (ख) गया

(ग) जगदीशपुर (घ) मुजफ्फरपुर

147. बिहार में 1857 के विद्रोह की शुरुआत कब हुई थी?

(क) 1 जून, 1857 (ख) 12 जून, 1857

(ग) 1 जुलाई, 1857 (घ) 12 जुलाई, 1857

148. बिहार में 1857 के विद्रोह की शुरुआत कहाँ से हुई थी?

(क) पटना (ख) रोहिणी (देवघर)

(ग) मुजफ्फरपुर (घ) जगदीशपुर (भोजपुर)

149. 1857 के विद्रोह में बिहार के कौन से जमींदार ने अंग्रेजों के विरुद्ध युद्ध किया था?

(क) टेकरी नरेश (ख) कुँवर सिंह

(ग) पीर अली (घ) उपर्युक्त में से कोई नहीं

150. 1857 के विद्रोह की पटना में शुरुआत किसके नेतृत्व में हुई थी?

(क) मोहम्मद हुसैन (ख) पीर अली

(ग) अहमद उल्लाह (घ) कुँवर सिंह

151. बिहार के विभिन्न नगरों में 1857 के विद्रोह के विस्फोट का सही क्रम निम्नलिखित में से कौन सा है?

(क) जगदीशपुर, मुजफ्फरपुर, पटना, रोहिणी

उत्तर के लिए कृपया पृष्ठ सं. 147 देखें।

(ख) पटना, रोहिणी, मुजफ्फरपुर, जगदीशपुर
(ग) रोहिणी, पटना, मुजफ्फरपुर, जगदीशपुर
(घ) मुजफ्फरपुर, जगदीशपुर, रोहिणी, पटना

152. 'बिहार प्रादेशिक सम्मेलन' का प्रथम अधिवेशन पटना में कब हुआ था?
(क) 1906 ई. (ख) 1908 ई.
(ग) 1916 ई. (घ) 1918 ई.

153. मुजफ्फरपुर-बमकांड में लिप्त किस क्रांतिकारी को 1908 ई. में अलीपुर सेंटर जेल में फाँसी दी गई थी?
(क) प्रफुल्ल चंद्र (ख) खुदीराम बोस
(ग) केदारनाथ बनर्जी (घ) बाबा ठाकुरदास

154. बिहार में 'छात्र परिषद्' की स्थापना किसके प्रयासों से हुई थी?
(क) डॉ. राजेंद्र प्रसाद (ख) सच्चिदानंद सिन्हा
(ग) जयप्रकाश नारायण (घ) पं. जवाहरलाल नेहरू

155. भारतीय राष्ट्रीय कांग्रेस की स्थापना (1885) से लेकर देश की आजादी तक कांग्रेस के कुल कितने अधिवेशन बिहार में हुए थे?
(क) एक (ख) दो
(ग) तीन (घ) पाँच

156. सन् 1912 में बिहार के किस स्थान पर भारतीय राष्ट्रीय कांग्रेस का अधिवेशन हुआ था?
(क) आरा (भोजपुर) (ख) बाँकीपुर (पटना)
(ग) इमामगंज (गया) (घ) रामगढ़ (कैमूर)

157. भारतीय राष्ट्रीय कांग्रेस के बाँकीपुर अधिवेशन की अध्यक्षता किसने की थी?
(क) आर.एन. मुधोलकर (ख) सी.आर.दास
(ग) मौलाना अबुल कलाम आजाद (घ) डॉ. राजेंद्र प्रसाद

158. बिहार को पृथक् राज्य के रूप में मान्यता दिलाने में किस राजनेता का सक्रिय योगदान था?
(क) डॉ. राजेंद्र प्रसाद (ख) सच्चिदानंद सिन्हा
(ग) कुँवर सिंह (घ) जयप्रकाश नारायण

159. सन् 1913 में पटना में 'अनुशीलन समिति' की एक शाखा को स्थापित

उत्तर के लिए कृपया पृष्ठ सं. 147 देखें।

करने का श्रेय किसे प्राप्त है ?

(क) जयप्रकाश नारायण (ख) शचींद्रनाथ सान्याल

(ग) सच्चिदानंद सिन्हा (घ) डॉ. राजेंद्र प्रसाद

160. बिहार में 'होमरूल लीग' की स्थापना सन् 1916 में कहाँ हुई थी ?

(क) पटना (ख) मुजफ्फरपुर

(ग) भागलपुर (घ) चंपारण

161. बिहार में 'होमरूल लीग' का प्रथम अध्यक्ष कौन था ?

(क) श्रीकृष्ण सिंह

(ख) मौलाना मजहरुल हक

(ग) डॉ. राजेंद्र प्रसाद

(घ) मौलाना अबुल कलाम आजाद

162. बिहार का निम्नलिखित में से कौन सा सर्वाधिक लोकप्रिय सत्याग्रह है ?

(क) बिरसा आंदोलन (ख) ताना भगत आंदोलन

(ग) चंपारण सत्याग्रह आंदोलन (घ) भारत छोड़ो आंदोलन

163. महात्मा गांधी को चंपारण आने का निमंत्रण किसने दिया था ?

(क) ब्रज किशोर प्रसाद (ख) डॉ. राजेंद्र प्रसाद

(ग) श्रीकृष्ण सिंह (घ) रामकुमार शुक्ल

164. महात्मा गांधी का बिहार में पहली बार आगमन कब हुआ था ?

(क) 10 अप्रैल, 1916 (ख) 10 अप्रैल, 1917

(ग) 13 अप्रैल, 1919 (घ) 6 अप्रैल, 1930

165. बिहार में 'स्वराज दल' का गठन किस वर्ष हुआ था ?

(क) 1920 (ख) 1921

(ग) 1923 (घ) 1927

166. बिहार स्वराज दल के अध्यक्ष कौन थे ?

(क) नारायण प्रसाद (ख) कृष्ण वल्लभ सहाय

(ग) अब्दुल बारी (घ) सी.आर. दास

167. 'सदाकत आश्रम', जिसकी स्थापना 1912 ई. में मजहरुल हक द्वारा की गई थी, में निम्नलिखित में से कौन अपने पद से अवकाश ग्रहण करने के उपरांत रहा करते थे ?

(क) जाकिर हुसैन (ख) डॉ. राजेंद्र प्रसाद

उत्तर के लिए कृपया पृष्ठ सं. 147 देखें।

(ग) श्रीकृष्ण सिन्हा (घ) जयप्रकाश नारायण

168. सन् 1922 के भारतीय राष्ट्रीय कांग्रेस के 'गया अधिवेशन' की अध्यक्षता किसने की थी?

(क) लोकमान्य तिलक (ख) सी.आर. दास

(ग) मौलाना अबुल कलाम (घ) आर.एन. मुथोलकर

169. 'पटना युवक संघ' की स्थापना किस वर्ष हुई थी?

(क) 1924 (ख) 1925

(ग) 1927 (घ) 1931

170. 'बिहार युवक संघ' की स्थापना किस वर्ष हुई थी?

(क) 1927 (ख) 1928

(ग) 1936 (घ) 1938

171. सन् 1930 में बिहार में नमक-सत्याग्रह सर्वप्रथम किन दो जिलों में प्रारंभ हुआ था?

(क) मुजफ्फरपुर-पूर्णिया (ख) भागलपुर-बाँका

(ग) चंपारण-सारण (घ) वैशाली-समस्तीपुर

172. बिहार में पटना में नमक सत्याग्रह किस दिन शुरू हुआ था?

(क) 6 अप्रैल, 1930 (ख) 16 अप्रैल, 1930

(ग) 26 अप्रैल, 1930 (घ) 28 अप्रैल, 1930

173. पटना में अप्रैल 1930 के नमक सत्याग्रह का नेतृत्व किस नेता ने किया था?

(क) कुँवर सिंह (ख) अंबिकाकांत सिंह

(ग) डॉ. राजेंद्र प्रसाद (घ) सत्यनारायण सिंह

174. मुंगेर में अप्रैल 1930 के नमक सत्याग्रह का नेतृत्व किस नेता ने किया था?

(क) श्रीकृष्ण सिंह (ख) जयप्रकाश नारायण

(ग) रामवृक्ष बेनीपुरी (घ) डॉ. राजेंद्र प्रसाद

175. 'बिहार सोशलिस्ट पार्टी' की स्थापना 1931 में किसने की थी?

(क) रामवृक्ष बेनीपुरी (ख) गंगाशरण सिन्हा

(ग) रामानंद मिश्रा (घ) उपर्युक्त सभी

176. 'बिहार सोशलिस्ट पार्टी' के अध्यक्ष कौन थे?

(क) अब्दुल बारी (ख) कर्पूरी ठाकुर

उत्तर के लिए कृपया पृष्ठ सं. 147 देखें।

(ग) आचार्य नरेंद्र देव (घ) श्रीकृष्ण सिन्हा

177. बिहार में नंगी हड़ताल का आंदोलन किस जेल से प्रारंभ हुआ?

(क) छपरा जेल (ख) दरभंगा जेल

(ग) पटना जेल (घ) मुंगेर जेल

178. सन् 1935 में कांग्रेस के स्वर्ण जयंती वर्ष के दौरान बिहार कांग्रेस का प्रदेश अध्यक्ष कौन था?

(क) डॉ. राजेंद्र प्रसाद (ख) श्रीकृष्ण सिंह

(ग) मोहम्मद यूनुस (घ) अनुग्रह नारायण सिंह

179. सन् 1936 में पटना में आयोजित 'बिहार राजनीतिक सम्मेलन' की अध्यक्षता किसने की थी ?

(क) मोहम्मद यूनुस (ख) रामदयालु सिंह

(ग) प्रो. अब्दुल बारी (घ) श्रीकृष्ण सिंह

180. बिहार के किस स्थान पर सन् 1938 में अखिल भारतीय मुसलमान छात्र सम्मेलन आयोजित हुआ था?

(क) मुंगेर (ख) मुजफ्फरपुर

(ग) चंपारण (घ) पटना

181. 'फॉरवर्ड ब्लॉक' की बिहार शाखा की स्थापना कब हुई थी?

(क) 1937 में (ख) 1940 में

(ग) 1942 में (घ) 1945 में

182. पटना में 'सचिवालय गोलीकांड' कब हुआ था?

(क) 11 अगस्त, 1941 (ख) 11 अगस्त, 1942

(ग) 11 जुलाई, 1941 (घ) 11 जुलाई, 1942

183. पटना सचिवालय गोलीकांड में शहीद हुए छात्रों की संख्या कितनी थी?

(क) 4 (ख) 7

(ग) 10 (घ) 15

184. अगस्त 1942 में बिहार के किस स्थान पर दुर्घटनाग्रस्त होकर गिरनेवाले शाही वायुसेना के विमान कर्मचारियों की हत्या कर दी गई थी?

(क) छपरा (सारण) (ख) सासाराम (रोहतास)

(ग) पसराहा (मुंगेर) (घ) जगदीशपुर (भोजपुर)

185. सन् 1942 के बिहार में कांग्रेस कार्यकर्ताओं ने सुल्तानपुर (भागलपुर) में

उत्तर के लिए कृपया पृष्ठ सं. 147-148 देखें।

एक समानांतर सरकार की स्थापना की थी, निम्नलिखित में से किसने इस सरकार का नेतृत्व किया था?

(क) श्रीकृष्ण सिंह (ख) सियाराम सिंह

(ग) रामदयालु सिंह (घ) नित्यानंद सिन्हा

186. सन् 1940 के भारतीय राष्ट्रीय कांग्रेस के रामगढ़ अधिवेशन की अध्यक्षता किसने की थी?

(क) आर.एन. मुथोलकर

(ख) मौलाना अबुल कलाम आजाद

(ग) डॉ. राजेंद्र प्रसाद

(घ) सुभाषचंद्र बोस

187. 'भारत छोड़ो आंदोलन' के दौरान बिहार के किस जिले को 'अपराधी जिला' घोषित किया गया था?

(क) मुजफ्फरपुर (ख) सारण

(ग) मुंगेर (घ) भागलपुर

188. 1942 के आंदोलन के दौरान बिहार के महान् क्रांतिकारियों ने नेपाल की तराई में एक प्रशिक्षण केंद्र बनाया था, उस केंद्र का नाम क्या था?

(क) आजाद क्रांति (ख) आजाद दस्ते

(ग) आजाद हिंदुस्तान (घ) आजाद आवाज

189. अंग्रेजों ने भारतीय स्वतंत्रता संग्राम के दौरान बिहार के किस नेता को जिंदा या मुर्दा पकड़कर लानेवाले को इनाम देने की घोषणा की थी?

(क) रामदयालु सिंह (ख) जयप्रकाश नारायण

(ग) नित्यानंद सिंह (घ) सियाराम सिन्हा

190. बिहार में क्रांतिकारी गतिविधियों को आगे बढ़ाने (1943 ई.) के दौरान किसके नेतृत्व में 'सियाराम दल' का गठन हुआ था?

(क) सियाराम सिंह (ख) श्रीकृष्ण सिंह

(ग) जयप्रकाश नारायण (घ) सियाराम सिन्हा

191. बिहार प्रांतीय मुसलिम लीग ने कब 'उर्दू दिवस' मनाया था?

(क) 23 मार्च, 1944 (ख) 4 फरवरी, 1944

(ग) 20 जुलाई, 1944 (घ) 24 फरवरी, 1944

192. बिहार के किस नेता को 'बिहार केसरी' कहा जाता है?

उत्तर के लिए कृपया पृष्ठ सं. 148 देखें।

(क) डॉ. राजेंद्र प्रसाद (ख) श्रीकृष्ण सिंह
(ग) जयप्रकाश नारायण (घ) रामदयालु सिंह

193. बिहार के निम्नलिखित में से किस नेता को भारत के स्वतंत्रता संग्राम में शामिल नहीं किया जा सकता ?

(क) अनुग्रह नारायण सिंह (ख) डॉ. राजेंद्र प्रसाद
(ग) चंद्रशेखर सिंह (घ) जयप्रकाश नारायण

□

उत्तर के लिए कृपया पृष्ठ सं. 148 देखें।

5

राजनीतिक संरचना

194. बिहार में प्रथम विधानसभा चुनाव कब संपन्न हुए थे ?

(क) 1935 ई. में (ख) 1937 ई. में

(ग) 1939 ई. में (घ) 1946 ई. में

195. सन् 1937 के चुनाव के पश्चात् बिहार के प्रथम प्रधानमंत्री कौन बने (उस समय प्रांतीय सरकार के प्रधान के लिए 'प्रधानमंत्री' शब्द प्रयोग होता था) ?

(क) श्रीकृष्ण सिंह (ख) रामदयालु सिन्हा

(ग) मोहम्मद यूनुस (घ) प्रो. अब्दुल बारी

196. सन् 1937 में किस नेता के नेतृत्व में बिहार में पहली कांग्रेसी सरकार गठित हुई थी ?

(क) सच्चिदानंद सिन्हा (ख) श्रीकृष्ण सिंह

(ग) मोहम्मद यूनुस (घ) रामदयालु सिन्हा

197. संविधान सभा में बिहार को कितनी सीटें आवंटित की गई थीं ?

(क) 22 सामान्य, 2 मुसलिम (ख) 26 सामान्य, 2 मुसलिम

(ग) 28 सामान्य, 5 मुसलिम (घ) 31 सामान्य, 5 मुसलिम

198. भारतीय संविधान के निम्नलिखित में से किस अनुच्छेद के अनुसार बिहार में द्विसदनात्मक विधानमंडल की व्यवस्था की गई थी ?

(क) अनुच्छेद 161 (ख) अनुच्छेद 166

(ग) अनुच्छेद 168 (घ) अनुच्छेद 171

199. बिहार विधान परिषद् के सदस्यों की संख्या कितनी है ?

(क) 65 (ख) 70

(ग) 75 (घ) 80

उत्तर के लिए कृपया पृष्ठ सं. 148 देखें।

200. बिहार विधान परिषद् के कितने सदस्य प्रति दो वर्ष पर बदलते हैं ?
(क) एक-चौथाई (ख) आधे
(ग) दो-तिहाई (घ) एक-तिहाई

201. बिहार विधानसभा के सदस्यों की संख्या कितनी है ?
(क) 241 (ख) 243
(ग) 245 (घ) 247

202. बिहार के प्रथम भारतीय गवर्नर कौन थे ?
(क) डॉ. जाकिर हुसैन (ख) डॉ. सत्येंद्र प्रसाद सिन्हा
(ग) हसन इमाम (घ) डॉ. राजेंद्र प्रसाद

203. स्वतंत्रता से पूर्व निम्नलिखित में से कौन बिहार का गवर्नर नहीं रहा था ?
(क) सर हेनरी हीलर (ख) सत्येंद्र प्रसाद सिन्हा
(ग) सर जेम्स डेविड सिफ्टव (घ) सर एडवर्ड लेविंग

204. बिहार के प्रथम मुसलिम राज्यपाल कौन थे ?
(क) डॉ. जाकिर हुसैन (ख) यूनुस सलीम
(ग) डॉ. अखलाक-उर-रहमान (घ) मो. शफी कुरैशी

205. निम्नलिखित में से कौन बिहार के राज्यपाल रह चुके हैं ?
(क) विनोदानंद झा (ख) बूटा सिंह
(ग) शिवचंद्र झा (घ) राधानंदन झा

206. बिहार के प्रथम हरिजन मुख्यमंत्री कौन थे ?
(क) भोला पासवान शास्त्री (ख) सरदार हरिहर सिंह
(ग) दारोगा प्रसाद राय (घ) भागवत झा आजाद

207. बिहार के प्रथम निर्दलीय मुख्यमंत्री कौन थे ?
(क) बिंदेश्वरी प्रसाद मंडल (ख) डॉ. जगन्नाथ मिश्र
(ग) कर्पूरी ठाकुर (घ) महामाया प्रसाद सिन्हा

208. बिहार के प्रथम मुसलिम मुख्यमंत्री कौन थे ?
(क) प्रो. जाबिर हुसैन (ख) मो. हिदायतुल्ला खाँ
(ग) गुलाम सरवर (घ) अब्दुल गफूर

209. बिहार की प्रथम महिला मुख्यमंत्री कौन थीं ?
(क) रामप्यारी देवी (ख) राबड़ी देवी
(ग) राजेश्वरी सरोजदास (घ) नईमा खातून हैदर

उत्तर के लिए कृपया पृष्ठ सं. 148 देखें।

210. बिहार के कौन से मुख्यमंत्री अपने संबोधन 'मेरे जिगर के टुकड़ो' के कारण युवा वर्ग में बहुत लोकप्रिय थे ?

(क) सत्येंद्र नारायण सिंह (ख) महामाया प्रसाद सिन्हा

(ग) नीतीश कुमार (घ) लालू प्रसाद यादव

211. बिहार के निम्नलिखित में से कौन से मुख्यमंत्री अपनी सख्त प्रशासनिक छवि के कारण 'धोती-कुरता से आई.ए.एस.' कहे जाते थे ?

(क) चंद्रशेखर सिंह (ख) कर्पूरी ठाकुर

(ग) अब्दुल गफूर (घ) भोला पासवान शास्त्री

212. बिहार में निम्नलिखित में से कौन सा घोटाला लालू प्रसाद के मुख्यमंत्रित्व काल में नहीं हुआ था ?

(क) कोलतार घोटाला (ख) चारा घोटाला

(ग) भूमि घोटाला (घ) खेल घोटाला

213. निम्नलिखित में से कौन बिहार के सबसे पहले मुख्यमंत्री बने थे ?

(क) कृष्ण बल्लभ सहाय (ख) दीप नारायण सिंह

(ग) महामाया प्रसाद सिंह (घ) भोला पासवान शास्त्री

214. लालू प्रसाद यादव बिहार के मुख्यमंत्री सबसे पहले कब बने थे ?

(क) 30 मार्च, 1988 (ख) 10 मार्च, 1990

(ग) 4 अप्रैल, 1995 (घ) 25 जुलाई, 1997

215. बिहार में सबसे कम अवधि तक मुख्यमंत्री कौन रहे ?

(क) दीप नारायण सिंह (ख) नीतीश कुमार

(ग) बिंदेश्वरी प्रसाद मंडल (घ) भोला पासवान शास्त्री

216. बिहार में सबसे लंबी अवधि तक मुख्यमंत्री कौन रहे ?

(क) राबड़ी देवी (ख) श्रीकृष्ण सिंह

(ग) लालू प्रसाद यादव (घ) भोला पासवान शास्त्री

217. निम्नलिखित में से कौन बिहार के मुख्यमंत्री रह चुके हैं ?

(क) दीप नारायण सिंह (ख) जगन्नाथ कौशल

(ग) जगन्नाथ पहाड़िया (३घ) गोविंद नारायण सिंह

218. बिहार के कौन से दो नेता तीन-तीन बार मुख्यमंत्री रह चुके हैं ?

(क) केदार पांडे एवं बिंदेश्वरी दुबे

(ख) बिंदेश्वरी प्रसाद मंडल एवं अब्दुल गफूर

(ग) भोला पासवान शास्त्री एवं डॉ. जगन्नाथ मिश्र

(घ) लालू प्रसाद यादव एवं नीतीश कुमार

उत्तर के लिए कृपया पृष्ठ सं. 148 देखें।

219. अब्दुल गफूर बिहार के मुख्यमंत्री कब रहे थे ?
(क) जुलाई 1973 से अप्रैल 1975 तक
(ख) अगस्त 1975 से जुलाई 1976 तक
(ग) जुलाई 1976 से नवंबर 1976 तक
(घ) मार्च 1977 से मार्च 1978 तक

220. बिहार के निम्नलिखित में से कौन से मुख्यमंत्री विधान परिषद् के सभापति भी रह चुके थे ?
(क) केदार पांडे (ख) अब्दुल गफूर
(ग) श्रीकृष्ण सिंह (घ) भोला पासवान शास्त्री

221. सर्वप्रथम बिहार में किसके मुख्यमंत्रित्व काल में राष्ट्रपति शासन लागू हुआ था ?
(क) भोला पासवान शास्त्री (ख) सरदार हरिहर सिंह
(ग) डॉ. जगन्नाथ मिश्र (घ) रामसुंदर दास

222. बिहार विधान परिषद् के प्रथम सभापति कौन थे ?
(क) श्यामा प्रसाद सिंह (ख) रावणेश्वर मिश्र
(ग) राजीव रंजन प्रसाद सिंह (घ) रामेश्वर प्रसाद सिंह

223. बिहार विधान परिषद् का सर्वोच्च पदाधिकारी क्या कहलाता है ?
(क) स्पीकर (ख) अध्यक्ष
(ग) सभापति (घ) उपसभापति

224. बिहार विधान परिषद् के कुल 75 सदस्यों में से कितने सदस्य विधानसभा द्वारा निर्वाचित होते हैं ?
(क) एक-चौथाई (ख) एक-तिहाई
(ग) आधा (घ) दो-तिहाई

225. राज्यपाल विधानसभा में कितने आंग्ल-भारतीय सदस्य मनोनीत कर सकता है ?
(क) 1 (ख) 2
(ग) 3 (घ) 4

226. निम्नलिखित में से कौन बिहार विधान परिषद् के सभापति नहीं रह चुके हैं ?
(क) राम गोविंद सिंह (ख) अरुण कुमार
(ग) डॉ. पृथ्वी चंद्र (घ) मो. हिदायतुल्ला खाँ

उत्तर के लिए कृपया पृष्ठ सं. 148 देखें।

227. बिहार विधान परिषद् के कौन दो बार सभापति रह चुके हैं ?

(क) राम गोविंद सिंह (ख) उमेश्वर प्रसाद सिंह
(ग) अरुण कुमार (घ) डॉ. पृथ्वी चंद्र

228. बिहार विधान परिषद् की प्रथम महिला सभापति कौन थीं ?

(क) नईमा खातून (ख) रामप्यारी देवी
(ग) राजेश्वरी सरोज (घ) राबड़ी देवी

229. वर्तमान (2009) में बिहार के राज्यपाल कौन हैं ?

(क) बूटा सिंह (ख) गोपाल कृष्ण गांधी
(ग) एम.रामा जोइस (घ) आर.एस. गवई

230. वर्तमान (2009) में बिहार के मुख्यमंत्री कौन हैं ?

(क) लालू प्रसाद यादव (ख) राबड़ी देवी
(ग) रामविलास पासवान (घ) नीतीश कुमार

231. बिहार विधानसभा के प्रथम अध्यक्ष कौन थे ?

(क) रामदयालु सिंह (ख) बिंदेश्वरी प्रसाद मंडल
(ग) रामनारायण मंडल (घ) राधानंदन झा

232. भारतीय संविधान के किस अनुच्छेद के तहत बिहार में विधानसभा का गठन किया गया था ?

(क) अनुच्छेद 170 (ख) अनुच्छेद 171
(ग) अनुच्छेद 169 (घ) अनुच्छेद 173

233. निम्नलिखित में से कौन बिहार की विधानसभा के अध्यक्ष रह चुके हैं ?

(क) श्यामा प्रसाद सिंह (ख) प्रो. जाबिर हुसैन
(ग) हरिनाथ मिश्र (घ) देवशंकर सिंह

234. बिहार विधानसभा के प्रथम दलित अध्यक्ष कौन थे ?

(क) अरुण कुमार सिंह (ख) उदय नारायण चौधरी
(ग) देवनंदन प्रसाद यादव (घ) त्रिपुरारी प्रसाद सिंह

235. निम्नलिखित में से कौन बिहार विधानसभा के अध्यक्ष नहीं रहे थे ?

(क) त्रिपुरारी प्रसाद सिंह (ख) अरुण कुमार
(ग) गुलाम सरवर (घ) रामदयालु सिंह

236. बिहार के किस मुख्यमंत्री के कार्यकाल में सर्वप्रथम बिहार में राष्ट्रपति शासन लगा था ?

उत्तर के लिए कृपया पृष्ठ सं. 148 देखें।

(क) बिंदेश्वरी प्रसाद मंडल (ख) भोला पासवान शास्त्री
(ग) दारोगा प्रसाद राय (घ) केदार पांडे

237. बिहार से राज्यसभा सदस्यों की संख्या 16 भारत में किस राज्य के बराबर है ?
(क) पश्चिम बंगाल (ख) उड़ीसा
(ग) राजस्थान (घ) मध्य प्रदेश

238. भारत के निम्नलिखित में से किस राज्य में द्विसदनीय व्यवस्था नहीं है ?
(क) उत्तर प्रदेश (ख) महाराष्ट्र
(ग) बिहार (घ) झारखंड

239. बिहार में सर्वप्रथम राष्ट्रपति शासन कब लगा था ?
(क) 29 जून, 1968 (ख) 29 जुलाई, 1969
(ग) 29 जुलाई, 1968 (घ) 29 सितंबर, 1971

240. बिहार में अब तक कितनी बार राष्ट्रपति शासन लग चुका है ?
(क) 6 बार (ख) 7 बार
(ग) 8 बार (घ) 9 बार

241. बिहार में सबसे कम अवधि के लिए राष्ट्रपति शासन कब लागू किया गया था ?
(क) सन् 1994 में 3 दिन के लिए (ख) सन् 1994 में 5 दिन के लिए
(ग) सन् 1995 में 5 दिन के लिए (घ) सन् 1996 में 3 दिन के लिए

242. बिहार में सबसे लंबी अवधि के लिए राष्ट्रपति शासन कब लागू किया गया था ?
(क) सन् 2003 में 8 महीने के लिए
(ख) सन् 2003 में 9 महीने के लिए
(ग) सन् 2004 में 8 महीने के लिए
(घ) सन् 2005 में 8 महीने के लिए

243. बिहार में अंतिम बार राष्ट्रपति शासन कब लगा था ?
(क) मार्च 2004 (ख) मार्च 2005
(ग) जुलाई 2005 (घ) जुलाई 2006

244. बिहार के कौन से राजनीतिज्ञ लोकसभा के अध्यक्ष चुने गए ?
(क) सत्येंद्र नारायण सिंह (ख) बलिराम भगत
(ग) डॉ. जगन्नाथ मिश्र (घ) श्रीकृष्ण सिंह

उत्तर के लिए कृपया पृष्ठ सं. 148 देखें।

245. बिहार के कौन से नेता संविधान सभा के स्थायी अध्यक्ष चुने गए?

(क) श्रीकृष्ण सिंह (ख) सच्चिदानंद सिन्हा

(ग) डॉ. राजेंद्र प्रसाद (घ) उपर्युक्त में कोई नहीं

246. पटना उच्च न्यायालय का प्रथम मुख्य न्यायाधीश कौन था?

(क) सर थॉमस फ्रेडरिक (ख) सर कर्टनी टैटेल

(ग) सर एडवर्ड मायनर्ड (घ) सर रॉबर्ट रिब्टन

247. पटना उच्च न्यायालय का प्रथम भारतीय मुख्य न्यायाधीश कौन था?

(क) सर फैजल अली (ख) पं. लक्ष्मीकांत झा

(ग) सुधांश कुमार दास (घ) सैयद जाफर इमाम

248. पटना उच्च न्यायालय की स्थापना किस वर्ष हुई थी?

(क) 1916 (ख) 1918

(ग) 1921 (घ) 1927

249. निम्नलिखित में से कौन पटना उच्च न्यायालय के मुख्य न्यायाधीश नहीं रहे?

(क) माधव श्रीहरिहर अणे (ख) भगवती प्रसाद झा

(ग) पं. लक्ष्मीकांत झा (घ) कृष्णवल्लभ नारायण सिंह

250. भगवती प्रसाद झा पटना उच्च न्यायालय के मुख्य न्यायाधीश किस वर्ष बने थे?

(क) 1970 (ख) 1980

(ग) 1982 (घ) 1988

251. पटना उच्च न्यायालय के प्रथम मुसलिम मुख्य न्यायाधीश कौन थे?

(क) अब्दुल गफूर (ख) मोहम्मद युसूफ

(ग) सर फैजल अली (घ) सैयद जाफर इमाम

252. पटना उच्च न्यायालय के कौन से न्यायाधीश सर्वोच्च न्यायालय के मुख्य न्यायाधीश भी रह चुके हैं?

(क) भुवनेश्वर प्रसाद सिन्हा (ख) सतीश चंद्र मिश्रा

(ग) दीपक कुमार सेन (घ) नगेंद्र राय

253. भारत के किस राज्य में सर्वप्रथम अल्पसंख्यक आयोग को वैधानिक अधिकार प्रदान किए गए?

(क) उत्तर प्रदेश (ख) मध्य प्रदेश

(ग) बिहार (घ) राजस्थान

उत्तर के लिए कृपया पृष्ठ सं. 148-149 देखें।

254. 'बिहार पंचायत समिति एवं जिला परिषद् अधिनियम' किस वर्ष पारित किया गया था?

(क) 1961 (ख) 1965

(ग) 1973 (घ) 1993

255. संविधान के 73वें संशोधन की पृष्ठभूमि में बिहार पंचायती राज अधिनियम किस वर्ष पारित किया गया?

(क) 1992 (ख) 1993

(ग) 1994 (घ) 1997

256. बिहार में सर्वप्रथम पटना नगर निगम की स्थापना किस वर्ष हुई थी?

(क) 1952 (ख) 1961

(ग) 1973 (घ) 1994

257. निम्नलिखित में से किस रिपोर्ट (प्रतिवेदन) की सिफारिश के आधार पर बिहार में म्युनिसिपल प्रशासन को जिला प्रशासन से पृथक् किया गया था?

(क) मार्ले मिंटो रिपोर्ट, 1909

(ख) मांटेग्यू चेम्सफोर्ड रिपोर्ट, 1919

(ग) साइमन कमीशन रिपोर्ट, 1927

(घ) कैबिनेट मिशन रिपोर्ट, 1909

258. बिहार में तेईस वर्षों के अंतराल के पश्चात् पंचायती चुनाव किस वर्ष संपन्न हुए?

(क) 1992 (ख) 1993

(ग) 1994 (घ) 2001

259. बिहार पंचायत राज अधिनियम, 1993 के अनुसार पंचायती राज की संरचना कैसी होगी?

(क) एक स्तरीय—ग्राम पंचायत

(ख) द्विस्तरीय—ग्राम पंचायत एवं पंचायत समिति

(ग) त्रिस्तरीय—ग्राम पंचायत, पंचायत समिति एवं जिला परिषद्

(घ) उपर्युक्त सभी

260. बिहार में जिला नियोजन एवं विकास परिषद् का प्रधान कौन होता है?

(क) जिलाधीश (ख) जिला विकास पदाधिकारी

(ग) वित्त मंत्री (घ) मुख्यमंत्री

261. पटना प्रमंडल (कमिश्नरी) में इनमें से कौन सा जिला सम्मिलित नहीं है?

उत्तर के लिए कृपया पृष्ठ सं. 149 देखें।

(क) नालंदा (ख) रोहतास
(ग) बक्सर (घ) गया

262. बिहार में कुल 9 प्रमंडल हैं। निम्नलिखित में से कौन से जिले बिहार में प्रमंडल नहीं हैं?
(क) पटना, मुंगेर, पूर्णिया (ख) भागलपुर, सारण, मगध
(ग) मुजफ्फरपुर, रोहतास, मधेपुरा (घ) दरभंगा, तिरहुत, कोसी

263. बिहार के पश्चिमी चंपारण जिले का मुख्यालय कहाँ स्थित है?
(क) मोतीहारी (ख) बेतिया
(ग) हाजीपुर (घ) आरा

264. बिहार के पूर्वी चंपारण जिले का मुख्यालय कहाँ स्थित है?
(क) मोतीहारी (ख) बेतिया
(ग) हाजीपुर (घ) छपरा

265. मुंगेर प्रमंडल में निम्नलिखित में से कौन सा जिला सम्मिलित नहीं है?
(क) मधेपुरा (ख) शेखपुरा
(ग) जमुई (घ) बेगूसराय

266. निम्नलिखित में से बिहार के किस प्रमंडल में सर्वाधिक जिले शामिल हैं?
(क) पटना (ख) पूर्णिया
(ग) मुंगेर (घ) मगध

267. बिहार के किस प्रमंडल में मात्र दो जिले शामिल हैं?
(क) पूर्णिया (ख) भागलपुर
(ग) सारण (घ) कोसी

268. भागलपुर प्रमंडल में कौन से दो जिले सम्मिलित हैं?
(क) भागलपुर एवं खगड़िया (ख) भागलपुर एवं बाँका
(ग) भागलपुर एवं बेगूसराय (घ) भागलपुर एवं किशनगंज

269. मगध प्रमंडल में निम्नलिखित में से कौन सा जिला सम्मिलित नहीं है?
(क) सिवान (ख) औरंगाबाद
(ग) जहानाबाद (घ) गया

□

उत्तर के लिए कृपया पृष्ठ सं. 149 देखें।

6

भौगोलिक स्वरूप

270. बिहार की स्थिति के संबंध में अक्षांश व देशांतरों का निम्नलिखित में से कौन सा जोड़ा सही है ?

(क) 22°-20′-10″ से 27°-28′-14″ उत्तरी अक्षांश व 81°-18′-40″ से 83°-16′-30″ पूर्वी देशांतर

(ख) 24°-20′-10″ से 27°-31′-15″ उत्तरी अक्षांश व 83°-19′-50″ से 88°-17′-40″ पूर्वी देशांतर

(ग) 24°-12′-12″ से 26°-30′-15″ उत्तरी अक्षांश व 83°-18′-50″ से 84°-16′-35″ पूर्वी देशांतर

(घ) 25°-12′-10″ से 26°-30′-10″ उत्तरी अक्षांश व 82°-16′-45″ से 86°-16′-15″ पूर्वी देशांतर

271. बिहार की सीमा निम्नलिखित में से किस देश की सीमा को स्पर्श करती है ?

(क) बँगलादेश (ख) नेपाल
(ग) भूटान (घ) चीन

272. बिहार के किस जिले की सीमा नेपाल से लगनेवाले जिलों में सर्वाधिक लंबी है ?

(क) पूर्वी चंपारण (ख) पश्चिमी चंपारण
(ग) अररिया (घ) किशनगंज

273. बिहार के किस जिले की सीमा नेपाल से लगनेवाले जिलों में सबसे छोटी है ?

(क) सुपौल (ख) मधुबनी
(ग) सीतामढ़ी (घ) पूर्वी चंपारण

उत्तर के लिए कृपया पृष्ठ सं. 149 देखें।

274. बिहार की दक्षिणी सीमा देश के किस राज्य की सीमा को स्पर्श करती है ?

(क) मध्य प्रदेश (ख) छत्तीसगढ़

(ग) उड़ीसा (घ) झारखंड

275. बिहार का सर्वाधिक क्षेत्रफलवाला जिला कौन सा है ?

(क) पश्चिमी चंपारण (ख) सीतामढ़ी

(ग) पूर्वी चंपारण (घ) पटना

276. बिहार का सबसे कम क्षेत्रफलवाला जिला कौन सा है ?

(क) बाँका (ख) खगड़िया

(ग) लखीसराय (घ) शेखूपुरा

277. दक्षिण का पठारी भाग बिहार के कितने क्षेत्रफल पर विस्तृत है ?

(क) 1,927 वर्ग कि.मी. (ख) 2,127 वर्ग कि.मी.

(ग) 2,927 वर्ग कि.मी. (घ) 3,127 वर्ग कि.मी.

278. दक्षिण का पठारी भाग बिहार के कुल क्षेत्रफल का कितने प्रतिशत है ?

(क) 3.16 प्रतिशत (ख) 3.68 प्रतिशत

(ग) 3.98 प्रतिशत (घ) 4.18 प्रतिशत

279. गंगा के दक्षिणी मैदान में कौन सी नदी प्रवाहित नहीं होती है ?

(क) फल्गु (ख) पैमार

(ग) पुनपुन (घ) गंडक

280. गंगा के उत्तरी मैदान में निम्नलिखित में से कौन सी नदी प्रवाहित नहीं होती है ?

(क) घाघरा (ख) फल्गु

(ग) बागमती (घ) कोसी

281. गंगा के उत्तरी मैदान को निम्नलिखित में से कौन से दोआब में वर्गीकृत किया जाता है ?

(क) घाघरा-गंडक दोआब (ख) गंडक-कोसी दोआब

(ग) कोसी-महानंदा दोआब (घ) उपर्युक्त सभी

282. 'दियारा भूमि' के बारे में निम्नलिखित में से कौन सा वाक्य सत्य है ?

(क) ऊबड़-खाबड़ मैदान (ख) जलोढ़ मैदान

(ग) बाढ़ क्षेत्र की आकृति (घ) सोमेश्वर की पहाड़ियाँ

283. बिहार में सर्वाधिक ऊँचा स्थान इनमें से किस प्राकृतिक प्रदेश में स्थित है ?

उत्तर के लिए कृपया पृष्ठ सं. 149 देखें।

(क) गंगा के मैदानी भाग में (ख) पूर्वी-मध्य मैदान में
(ग) दक्षिणी गंगा के मैदान में (घ) दक्षिणी सीमावर्ती पहाड़ियों में

284. उत्तरी गंगा के मैदान में कौन सी पहाड़ियाँ स्थित हैं ?
(क) राजमहल की पहाड़ियाँ (ख) सोमेश्वर की पहाड़ियाँ
(ग) बड़ावर की पहाड़ियाँ (घ) राजगीर की पहाड़ियाँ

285. बिहार में सोमेश्वर की पहाड़ियाँ किस जिले में पाई जाती हैं ?
(क) पश्चिमी चंपारण (ख) अररिया
(ग) मधेपुरा (घ) किशनगंज

286. बिहार का विस्तार निम्नलिखित में से किस प्राकृतिक प्रदेश में सबसे ज्यादा है ?
(क) दक्षिणी गंगा के मैदान (ख) उत्तरी गंगा का मैदान
(ग) उत्तर का तराई प्रदेश (घ) उपर्युक्त सभी

287. बिहार का विशाल मैदान कितने क्षेत्रफल में विस्तृत है ?
(क) 90,050 वर्ग कि.मी. (ख) 90,650 वर्ग कि.मी.
(ग) 91,050 वर्ग कि.मी. (घ) 91,650 वर्ग कि.मी.

288. बिहार का विशाल मैदान बिहार के कुल क्षेत्रफल का लगभग कितने प्रतिशत है ?
(क) 90 प्रतिशत (ख) 92 प्रतिशत
(ग) 94 प्रतिशत (घ) 96 प्रतिशत

289. बिहार की निम्नलिखित में से कौन सी परियोजना सबसे पहले प्रारंभ हुई थी ?
(क) कोसी नदी घाटी परियोजना (ख) सोन नदी घाटी परियोजना
(ग) बागमती नदी घाटी परियोजना (घ) गंडक नदी घाटी परियोजना

290. गंडक नदी घाटी परियोजना किस देश की सरकार के सहयोग से बिहार के वाल्मीकि नगर के पास बनाई गई है ?
(क) भूटान (ख) बँगलादेश
(ग) म्यानमार (घ) नेपाल

291. बिहार में कोसी परियोजना का शुभारंभ किस वर्ष हुआ था ?
(क) 1948 (ख) 1955
(ग) 1958 (घ) 1964

292. बिहार के किस जिले में बागमती परियोजना प्रारंभ की गई थी ?

उत्तर के लिए कृपया पृष्ठ सं. 149 देखें।

(क) किशनगंज (ख) पूर्णिया
(ग) सीतामढ़ी (घ) पश्चिमी चंपारण

293. बिहार में प्रमुख ताप विद्युत् परियोजनाएँ लागू की गई हैं। निम्नलिखित में से कौन सी बिहार राज्य की परियोजना है?
(क) कोरबा ताप परियोजना (ख) बरौनी ताप परियोजना
(ग) पतरातू ताप परियोजना (घ) उपर्युक्त सभी

294. मेढक परियोजना निम्नलिखित में से किन दो राज्यों की परियोजना है?
(क) बिहार-छत्तीसगढ़ (ख) बिहार-उत्तर प्रदेश
(ग) बिहार-पश्चिम बंगाल (घ) बिहार-उड़ीसा

295. बिहार की सबसे बड़ी नदी घाटी परियोजना कौन सी है?
(क) गंडक नदी घाटी परियोजना (ख) सोन नदी घाटी परियोजना
(ग) बागमती नदी घाटी परियोजना (घ) कोसी नदी घाटी परियोजना

296. बरनार जलाशय परियोजना बिहार के किस जिले में प्रारंभ की गई है?
(क) सीतामढ़ी (ख) जमुई
(ग) नवादा (घ) कैमूर

297. बिहार की निम्नलिखित निर्माणाधीन जल विद्युत् परियोजनाओं एवं उनके स्थानों के जोड़ों में कौन सा जोड़ा गलत है?

	परियोजना		**स्थान**
(क)	डेलाबाग परियोजना	—	डिहरी (रोहतास)
(ख)	जयनगर लघु परियोजना	—	रफीगंज (औरंगाबाद)
(ग)	तेजपुरा लघु परियोजना	—	ओबरा (औरंगाबाद)
(घ)	अगनूर परियोजना	—	कलेर (जहानाबाद)

298. बिहार की प्रमुख नदियों एवं उनके किनारे उपस्थित प्रमुख नगरों के जोड़ों में कौन सा जोड़ा गलत है?

	नदी		**नगर** *(जिसके किनारे यह नदी अवस्थित है)*
(क)	फल्गु नदी	—	गया
(ख)	सरयू नदी	—	छपरा
(ग)	सोन नदी	—	हाजीपुर
(घ)	गंगा नदी	—	पटना

उत्तर के लिए कृपया पृष्ठ सं. 149 देखें।

299. बिहार की नदियों एवं उनके उद्गम स्थलों के जोड़ों में कौन सा जोड़ा गलत है ?

	नदी		उद्गम स्थल
(क)	सोन नदी	—	अमरकंटक (म.प्र.)
(ख)	बागमती नदी	—	महाभारत श्रेणी (नेपाल)
(ग)	बूढ़ी गंडक नदी	—	सप्तकौशिकी (नेपाल)
(घ)	सरयू (घाघरा)	—	नांपा (नेपाल)

300. बिहार की कौन सी नदी बिना किसी अन्य नदी से मिले बंगाल की खाड़ी में गिरती है ?

(क) गंडक नदी (ख) कोसी नदी
(ग) स्वर्ण रेखा (घ) महानंदा नदी

301. प्रसिद्ध गंगा नदी बिहार में निम्नलिखित में से किस जिले से प्रवेश करती है ?

(क) पटना (ख) कैमूर
(ग) रोहतास (घ) भोजपुर

302. बिहार की सबसे महत्त्वपूर्ण नदी कौन सी है ?

(क) दामोदर नदी (ख) महानंदा नदी
(ग) गंडक नदी (घ) गंगा नदी

303. बिहार की कोसी नदी का उद्गम स्थल कौन सा है ?

(क) सोमेश्वर श्रेणियाँ (ख) मानगमोर
(ग) महाभारत श्रेणी (नेपाल) (घ) सप्तकौशिकी (नेपाल)

304. बिहार की सरयू नदी किस नदी में मिलती है ?

(क) दामोदर नदी (ख) सोन नदी
(ग) गंडक नदी (घ) गंगा नदी

305. नेपाल में गंडक नदी को किस नाम से जाना जाता है ?

(क) बागमती (ख) सप्त गंडकी
(ग) सोन (घ) बड़ी गंडक

306. बिहार की निम्नलिखित में से किस नदी को 'छोटी गंडक' के नाम से भी पुकारा जाता है ?

(क) नारायणी (ख) बागमती
(ग) सोन (घ) कोसी

उत्तर के लिए कृपया पृष्ठ सं. 149-150 देखें।

307. निम्नलिखित में से कौन सी नदी गंगा में मिलने से पूर्व स्वयं डेल्टा का निर्माण करती है ?

(क) कोसी नदी (ख) गंडक नदी

(ग) घाघरा नदी (घ) पुनपुन नदी

308. बिहार में गंगा के उत्तरी मैदान में गंगा से मिलनेवाली नदियों में कौन सी शामिल नहीं है ?

(क) गंडक (ख) सरयू

(ग) बागमती (घ) सोन

309. बिहार राज्य की कौन सी नदी सदावाहिनी है ?

(क) गंगा (ख) कोसी

(ग) गंडक (घ) उपर्युक्त सभी

310. बिहार की निम्नलिखित नदियों में से कौन सी नदी बिहार में गंगा से मिलती है ?

(क) घाघरा (ख) सोन

(ग) गंडक (घ) उपर्युक्त सभी

311. बिहार का निम्नलिखित में से कौन सा नगर गंगा के किनारे नहीं बसा है ?

(क) मुंगेर (ख) भागलपुर

(ग) दरभंगा (घ) पटना

312. बिहार में निम्नलिखित में से कौन सी नदी दक्षिण से उत्तर की ओर बहती है ?

(क) फल्गु नदी (ख) गंगा नदी

(ग) कोसी नदी (घ) उपर्युक्त सभी

313. बिहार के निम्नलिखित में से किस शहर में फल्गु नदी बहती है ?

(क) गया (ख) अररिया

(ग) पटना (घ) उपर्युक्त में से कोई नहीं

314. बिहार के निम्नलिखित में से किन तीन जिलों में जलप्रपात मिलते हैं ?

(क) सीतामढ़ी, चंपारण, पूर्णिया (ख) गया, रोहतास, नवादा

(ग) पटना, नालंदा, वैशाली (घ) सारण, सिवान, बक्सर

315. निम्नलिखित में से कौन सा जलप्रपात बिहार में स्थित नहीं है ?

(क) सुखलदरी जलप्रपात (ख) ककोलत जलप्रपात

(ग) महात्मा गांधी जलप्रपात (घ) दुर्गावती जलप्रपात

उत्तर के लिए कृपया पृष्ठ सं. 150 देखें।

316. बिहार का सबसे ऊँचा जलप्रपात कौन सा है ?
(क) परासडीह जल प्रपात (ख) सुखलदरी जलप्रपात
(ग) दुर्गावती जलप्रपात (घ) तमासीन जलप्रपात

317. बिहार का 'धुआँकुंड' जलप्रपात किस स्थान पर स्थित है ?
(क) सासाराम (ख) नवादा
(ग) मुंगेर (घ) गया

318. बिहार के किस जलप्रपात को 'खादरकोह प्रपात' भी कहते हैं ?
(क) ककोलत जलप्रपात (ख) दुर्गावती जलप्रपात
(ग) धुआँकुंड (घ) गुरुसिंधु जलप्रपात

319. बिहार राज्य में सर्वाधिक प्रसिद्ध गरम जलकुंड कहाँ स्थित है ?
(क) मुंगेर (ख) राजगीर
(ग) नालंदा (घ) बेगूसराय

320. बिहार का कौन सा सर्वाधिक गरम जलकुंड है ?
(क) सूरजकुंड (ख) ऋषिकुंड
(ग) लक्ष्मणकुंड (घ) रामेश्वरकुंड

321. बिहार के किस जलकुंड का उद्गम स्थल मुंगेर जिले में नहीं है ?
(क) सीताकुंड (ख) ऋषिकुंड
(ग) नानककुंड (घ) लक्ष्मणकुंड

322. बिहार के गरम जलकुंडों का जल त्वचा रोगियों के लिए लाभदायक कैसे है ?
(क) यह जल स्वच्छ होता है
(ख) इसमें रासायनिक मिश्रण होता है
(ग) इसमें गंधक व खनिज लवण मिले होते हैं
(घ) उपर्युक्त सभी

323. निम्नलिखित में से कौन सी मिट्टी बिहार में गंगा के उत्तरी मैदान में नहीं पाई जाती है ?
(क) दलदली मिट्टी (ख) भाँगर मिट्टी
(ग) बल सुंदरी मिट्टी (घ) ताल की मिट्टी

324. निम्नलिखित में से किस मिट्टी को भाँगर मिट्टी भी कहते हैं ?
(क) नवीन जलोढ़ मिट्टी (ख) पुरानी जलोढ़ मिट्टी
(ग) बल सुंदरी मिट्टी (घ) बलथर मिट्टी

325. बिहार के किस भाग में जलोढ़ मिट्टी की प्रधानता पाई जाती है ?

उत्तर के लिए कृपया पृष्ठ सं. 150 देखें।

(क) गंगा का दक्षिणी मैदान (ख) गंगा का उत्तरी मैदान
(ग) छोटा नागपुर का पठार (घ) उपर्युक्त सभी

326. निम्नलिखित में से कौन सी मिट्टी बिहार में गंगा के दक्षिणी मैदान में पाई जाती है ?
(क) करैल-कैवाल मिट्टी (ख) बल सुंदरी मिट्टी
(ग) दलदली मिट्टी (घ) नवीन जलोढ़ मिट्टी

327. निम्नलिखित में से कौन सी मिट्टी बिहार में गंगा के दक्षिणी मैदान में नहीं पाई जाती ?
(क) ताल मिट्टी (ख) बलथर मिट्टी
(ग) करैल-कैवाल मिट्टी (घ) नवीन जलोढ़ मिट्टी

328. बिहार के निम्नलिखित में से किस भाग को 'भाँगर मिट्टी' का क्षेत्र कहते हैं?
(क) सहरसा, पूर्णिया, दरभंगा एवं मुजफ्फरपुर का क्षेत्र
(ख) कैमूर, औरंगाबाद, नवादा एवं जमुई का क्षेत्र
(ग) मुंगेर, भागलपुर, बाँका एवं कटिहार का क्षेत्र
(घ) मुंगेर, भोजपुर, पटना एवं नालंदा का क्षेत्र

329. बिहार में सबसे अधिक कौन सी मिट्टी पाई जाती है ?
(क) लाल मिट्टी (ख) बल सुंदरी मिट्टी
(ग) जलोढ़ मिट्टी (घ) उपर्युक्त में से कोई नहीं

330. बिहार के किस भाग में दलदली मिट्टी पाई जाती है ?
(क) गंगा के उत्तर-पूर्वी मैदानी भागों में
(ख) तराई क्षेत्र में
(ग) गंगा के दक्षिणी मैदानी भागों में
(घ) गंगा के तटवर्ती भागों में

331. गंगा के दक्षिणी मैदान में पुरानी जलोढ़ मिट्टी को किस नाम से पुकारते हैं?
(क) करैल-कैवाल मिट्टी (ख) बलथर मिट्टी
(ग) भाँगर मिट्टी (घ) टाल मिट्टी

332. निम्नलिखित में से बिहार की किस मिट्टी में लौहांश की मात्रा अधिक और जीवांश की मात्रा न्यूनतम पाई जाती है ?
(क) भाँगर मिट्टी (ख) टाल की मिट्टी
(ग) दलदली मिट्टी (घ) लाल मिट्टी

उत्तर के लिए कृपया पृष्ठ सं. 150 देखें।

333. बिहार के किस भाग को करैल-कैवाल मिट्टी का क्षेत्र कहते हैं?
(क) बक्सर, रोहतास, कैमूर एवं सारण
(ख) शाहाबाद, गया, पटना एवं मुंगेर का क्षेत्र
(ग) सीतामढ़ी, मधुबनी, सुपौल एवं अररिया का क्षेत्र
(घ) किशनगंज, पूर्णिया, कटिहार एवं मधेपुरा

334. बलथर मिट्टी के संबंध में निम्नलिखित में से कौन सा वाक्य सही है?
(क) इस मिट्टी में रेत और कंकड़ की बहुलता रहती है
(ख) इस मिट्टी का रंग प्रीला और लाल होता है
(ग) यह मिट्टी ज्वार-बाजरा, चना व अरहर के लिए उपयुक्त है
(घ) उपर्युक्त सभी

335. बिहार के किस जिले में दलदली मिट्टी पाई जाती है?
(क) किशनगंज (ख) भागलपुर
(ग) औरंगाबाद (घ) बक्सर

336. बिहार के किस भाग में लाल मिट्टी की अधिकता है?
(क) गंगा नदी के उत्तरी भाग में (ख) गंगा नदी के दक्षिणी भाग में
(ग) सोन नदी के दक्षिणी भाग में (घ) पूर्वी चंपारण जिले में

337. बिहार के किस भाग में अभ्रक मिट्टी पाई जाती है?
(क) बाँका (ख) पूर्णिया
(ग) नवादा (घ) बक्सर

338. निम्नलिखित में से किस मिट्टी में चूने की मात्रा अत्यधिक होती है?
(क) भाँगर मिट्टी (ख) ताल की मिट्टी
(ग) दलदल मिट्टी (घ) बल सुंदरी मिट्टी

339. बिहार के किन जिलों में ताल मिट्टी की प्रधानता है?
(क) पटना, मुंगेर, भागलपुर (ख) गया, औरंगाबाद, नवादा
(ग) सिवान, सारण, मुजफ्फरपुर (घ) कैमूर, रोहतास, बक्सर

340. वर्ष 2001 की जनगणना के अनुसार बिहार के किस जिले में सर्वाधिक जनसंख्या है?
(क) मुजफ्फरपुर (ख) पटना
(ग) मधुबनी (घ) गया

उत्तर के लिए कृपया पृष्ठ सं. 150 देखें।

341. वर्ष 2001 की जनगणना के अनुसार बिहार के किस जिले में न्यूनतम जनसंख्या है ?

(क) मुंगेर (ख) खगड़िया

(ग) शिवहर (घ) शेखपुरा

342. निम्नलिखित में से बिहार का सबसे कम जनसंख्या घनत्ववाला जिला कौन सा है ?

(क) शेखपुरा (ख) कैमूर

(ग) कटिहार (घ) रोहतास

343. बिहार का सर्वाधिक जनसंख्या घनत्ववाला जिला कौन सा है ?

(क) मधुबनी (ख) पटना

(ग) मुजफ्फरपुर (घ) पश्चिमी चंपारण

344. बिहार के किस जिले में सर्वाधिक लिंगानुपात है ?

(क) पटना (ख) सिवान

(ग) मुजफ्फपुर (घ) सारण

345. बिहार का न्यूनतम लिंगानुपातवाला जिला कौन सा है ?

(क) पटना (ख) शिवहर

(ग) मधुबनी (घ) मुंगेर

346. वर्ष 2001 की जनगणना के अनुसार बिहार की कुल जनसंख्या में पुरुष व महिलाओं की संख्या कितनी है ?

(क) 4,03,21,437 व 3,67,56,714

(ख) 4,32,43,795 व 3,97,54,714

(ग) 4,62,43,190 व 3,81,56,714

(घ) 4,72,11,290 व 3,87,45,714

347. वर्ष 2001 की जनगणना के अनुसार बिहार की नगरीय जनसंख्या कितनी है ?

(क) 86,81,800 (ख) 96,82,900

(ग) 1,56,11,880 (घ) 1,61,17,300

348. वर्ष 2001 की जनगणना के अनुसार बिहार की ग्रामीण जनसंख्या कितनी है ?

(क) 5,43,11,786 (ख) 6,51,37,708

(ग) 7,53,16,706 (घ) 8,41,36,718

349. बिहार में सर्वाधिक जनसंख्यावाले चार जिले कौन से हैं ?

उत्तर के लिए कृपया पृष्ठ सं. 150 देखें।

(क) पश्चिमी चंपारण, दरभंगा, भागलपुर, नालंदा
(ख) पटना, पूर्वी चंपारण, मुजफ्फरपुर, मधुबनी
(ग) किशनगंज, मधेपुरा, समस्तीपुर, बेगूसराय
(घ) रोहतास, औरंगाबाद, नवादा, जमुई

350. बिहार के न्यूनतम जनसंख्यावाले चार जिले निम्नलिखित में से कौन से हैं?
(क) शिवहर, शेखपुरा, लखीसराय, मुंगेर
(ख) खगड़िया, पश्चिमी चंपारण, नवादा, जमुई
(ग) भागलपुर, बाँका, भोजपुर, मधेपुरा
(घ) सुपौल, सहरसा, बक्सर, पूर्णिया

351. वर्ष 1991-2001 के दशक में बिहार में जनसंख्या वृद्धि दर कितनी है?
(क) 23.68 (ख) 26.38
(ग) 28.62 (घ) 29.60

352. वर्ष 1991-2001 के दशक में बिहार के किस जिले में सर्वाधिक जनसंख्या-वृद्धि हुई है?
(क) नालंदा (ख) गया
(ग) वैशाली (घ) शिवहर

353. वर्ष 1991-2001 के दशक में बिहार के किस जिले में न्यूनतम जनसंख्या वृद्धि हुई है?
(क) वैंशाली (ख) नालंदा
(ग) भोजपुर (घ) भागलपुर

□

उत्तर के लिए कृपया पृष्ठ सं. 150 देखें।

7

खनिज संसाधन

354. बिहार राज्य का खनिज उत्पादन की दृष्टि से भारत में कौन सा स्थान है ?

(क) प्रथम (ख) द्वितीय

(ग) तृतीय (घ) चतुर्थ

355. बिहार के निम्नलिखित में से किस जिले में बॉक्साइट मिलता है ?

(क) पूर्णिया (ख) किशनगंज

(ग) दरभंगा (घ) मुंगेर

356. बिहार के निम्नलिखित में से किन-किन जिलों में अभ्रक भारी मात्रा में निकाला जाता है ?

(क) किशनगंज-अररिया (ख) गया-मुंगेर

(ग) सिवान-सारण (घ) पटना-रोहतास

357. बिहार के किन दो जिलों में सर्वाधिक मात्रा में चूना-पत्थर उत्खनित होता है ?

(क) पटना-वैशाली (ख) रोहतास-कैमूर

(ग) सारण-गया (घ) मुंगेर-मुजफ्फरपुर

358. उत्तम किस्म का चूना-पत्थर किसमें प्रयुक्त होता है ?

(क) पत्थर-निर्माण (ख) भवन-निर्माण

(ग) इस्पात-निर्माण (घ) सीमेंट-निर्माण

359. बिहार के किस जिले में भारी मात्रा में डोलोमाइट पाई जाती है ?

(क) रोहतास (ख) गया

(ग) औरंगाबाद (घ) मुंगेर

360. बिहार के रोहतास जिले में गंधक किस स्थान पर पाई जाती है ?

उत्तर के लिए कृपया पृष्ठ सं. 150 देखें।

(क) काकारात (ख) सासाराम

(ग) दिनारा (घ) अमझोर

361. बिहार के किस स्थान पर लौह पायराइट का कारखाना स्थित है?

(क) बरौनी (ख) अमझोर

(ग) बक्सर (घ) आरा

362. बिहार के निम्नलिखित में से किस जिले में सोना पाया जाता है?

(क) मुंगेर (ख) भागलपुर

(ग) पटना (घ) गया

363. बिहार में पैग्मेराइट शिलाएँ कहाँ मिलती हैं?

(क) गया, मुंगेर (ख) पटना, गया

(ग) सारण, सिवान (घ) मुजफ्फरपुर, रोहतास

364. बिहार में यूरेनियम कहाँ मिलता है?

(क) मुजफ्फरपुर (ख) गया

(ग) भागलपुर (घ) रोहतास

365. बिहार निम्नलिखित में से किस खनिज का विश्व में सर्वाधिक उत्पादन करता है?

(क) चूना पत्थर (ख) अभ्रक

(ग) बॉक्साइड (घ) मैंगनीज

366. बिहार के किस जिले में कोयला पाया जाता है?

(क) किशनगंज (ख) औरंगाबाद

(ग) रोहतास (घ) पटना

367. बिहार के किन-किन जिलों में सर्वाधिक मात्रा में पायराइट पाया जाता है?

(क) रोहतास-कैमूर (ख) समस्तीपुर-सीतामढ़ी

(ग) मुंगेर-नवादा (घ) गया-पटना

368. बिहार में निम्नलिखित में से किस खनिज का उत्पादन होता है?

(क) बॉक्साइड (ख) चाँदी

(ग) कोयला (घ) अभ्रक

369. बिहार के इनमें से किन-किन जिलों में चीनी मिट्टी प्राप्त होती है?

उत्तर के लिए कृपया पृष्ठ सं. 150-151 देखें।

(क) भागलपुर, मुंगेर, वैशाली

(ख) दरभंगा, पटना, गया

(ग) किशनगंज, मुजफ्फरपुर, रोहतास

(घ) सीतामढ़ी, पूर्वी चंपारण, पश्चिमी चंपारण

370. बिहार में सारण जिले में किस स्थान पर शोरा पाया जाता है?

(क) माँझी (ख) मरहौरा

(ग) पारसा (घ) सोनपुर

371. बिहार राज्य में शोरे का वार्षिक उत्पादन कितने हजार टन है?

(क) 20 हजार टन (ख) 25 हजार टन

(ग) 30 हजार टन (घ) 33 हजार टन

372. बिहार के किन दो जिलों में स्लेट पाया जाता है?

(क) मुंगेर-जमुई (ख) पटना-गया

(ग) भागलपुर-बेगूसराय (घ) मधुबनी-दरभंगा

373. बिहार के किस जिले में सीसा पाया जाता है?

(क) भागलपुर (ख) किशनगंज

(ग) रोहतास (घ) मुजफ्फरपुर

374. बिहार में अग्निसह मिट्टी किन-किन जिलों में प्राप्त होती है?

(क) भागलपुर-मुंगेर (ख) पटना-वैशाली

(ग) बाँका-रोहतास (घ) मुजफ्फरपुर-दरभंगा

375. बिहार के किस जिले में सोने के नए भंडारों का पता लगा है?

(क) रोहतास (ख) मुंगेर

(ग) दरभंगा (घ) मुजफ्फरपुर

376. बिहार के निम्नलिखित में से किन-किन जिलों में भारी मात्रा में सोडियम लवण पाया जाता है?

(क) पूर्वी चंपारण, सारण, मुजफ्फरपुर

(ख) पटना, गया, वैशाली

(ग) सिवान, गोपालगंज, बक्सर

(घ) मधेपुरा, अररिया, किशनगंज

377. बिहार के किन-किन जिलों में बॉक्साइड खनिज पाए जाते हैं?

उत्तर के लिए कृपया पृष्ठ सं. 151 देखें।

(क) रोहतास-मुंगेर
(ख) सिवान-सारण
(ग) किशनगंज-गोपालगंज
(घ) पूर्वी चंपारण, पश्चिमी चंपारण

378. बिहार में निम्नलिखित में से कौन सा प्रमुख खनिज नहीं है ?
(क) कोयला (ख) अभ्रक
(ग) चूना पत्थर (घ) डोलोमाइट

379. बिहार में खनिज तेल किस स्थान पर पाए जाते हैं ?
(क) राजगीर (ख) सासाराम
(ग) पूसा (घ) बरौनी

380. बिहार के किस जिले में एस्बेस्टस की खानें पाई जाती हैं ?
(क) भोजपुर (ख) भागलपुर
(ग) बेगूसराय (घ) मुंगेर

381. निम्नलिखित में से किस खनिज का प्रयोग बॉयलर और इंजन को ढकने में किया जाता है ?
(क) एस्बेस्टस (ख) शोरा
(ग) डोलोमाइट (घ) मोलोजाइट

382. उत्तम श्रेणी के शोरे में पोटैशियम नाइट्रेट की मात्रा कितने प्रतिशत होती है ?
(क) 46.07 प्रतिशत (ख) 56.07 प्रतिशत
(ग) 66.07 प्रतिशत (घ) 76.07 प्रतिशत

383. बिहार के निम्नलिखित में से किन दो जिलों में बैरीलियम पाया जाता है ?
(क) किशनगंज-रोहतास (ख) गया-नवादा
(ग) सारण-सिवान (घ) भागलपुर-बाँका

384. लोहा किस प्रकार की चट्टानों से प्राप्त होता है ?
(क) परतदार (ख) आग्नेय
(ग) मोड़दार (घ) उपर्युक्त में से कोई नहीं

385. फायल क्ले बिहार के किस जिले से प्राप्त होती है ?
(क) मुंगेर (ख) पटना
(ग) रोहतास (घ) किशनगंज

386. इनमें से किसका उपयोग सीसा और रिफैक्ट्री उद्योग में होता है ?

उत्तर के लिए कृपया पृष्ठ सं. 151 देखें।

(क) क्वार्ट्ज (ख) गंधक
(ग) फेल्सपार (घ) बैरीलियम

387. बिहार के निम्नलिखित में से किस जिले में फेल्सपार पाया जाता है ?
(क) मुंगेर (ख) किशनगंज
(ग) मधुबनी (घ) मधेपुरा

388. बिहार के निम्नलिखित में से किस जिले में शोरा नहीं पाया जाता है ?
(क) मुजफ्फरपुर (ख) गोपालगंज
(ग) सारण (घ) किशनगंज

389. निम्न श्रेणी के शोरे में पोटैशियम नाइट्रेट की मात्रा कितने प्रतिशत होती है ?
(क) 28.66 प्रतिशत (ख) 30.66 प्रतिशत
(ग) 34.06 प्रतिशत (घ) 37.66 प्रतिशत

❑

उत्तर के लिए कृपया पृष्ठ सं. 151 देखें।

8

उद्योग-धंधे

390. बिहार राज्य का सबसे पुराना उद्योग कौन सा है ?
(क) जूट उद्योग (ख) चीनी उद्योग
(ग) ऊनी वस्त्र उद्योग (घ) चमड़ा उद्योग

391. बिहार में प्रथम चीनी मिल की स्थापना कब और कहाँ हुई थी ?
(क) 1910 (पटना) (ख) 1908 (मोतीहारी)
(ग) 1903 (मरहौरा) (घ) 1918 (जहानाबाद)

392. अधिकतर चीनी मिलें किस क्षेत्र में स्थापित की गई हैं ?
(क) गंगा के उत्तरी मैदान (ख) दक्षिणी पठारी भाग
(ग) गंडक एवं घाघरा के मध्य (घ) गंगा के दक्षिणी मैदान

393. बिहार राज्य में कुल कितनी चीनी मिलें हैं ?
(क) 21 (ख) 24
(ग) 28 (घ) 31

394. निम्नलिखित में से बिहार के किस स्थान पर रेशमी वस्त्र उद्योग अधिक विकसित है ?
(क) बाँका (ख) भागलपुर
(ग) मुजफ्फरपुर (घ) दरभंगा

395. बिहार के किस जिले में सूती वस्त्र उद्योग केंद्रित है ?
(क) चंपारण (ख) दरभंगा
(ग) गया (घ) पटना

396. बिहार के गया जिले का कौन सा स्थान सूती उद्योग के लिए प्रसिद्ध है ?
(क) मानपुर (ख) इमामगंज
(ग) वजीरगंज (घ) शाहपुर

उत्तर के लिए कृपया पृष्ठ सं. 151 देखें।

397. बिहार के किन जिलों में जूट के कारखाने स्थित हैं ?
(क) भागलपुर, बाँका, गया
(ख) पूर्णिया, कटिहार, दरभंगा
(ग) नालंदा, पटना, बक्सर
(घ) किशनगंज, गोपालगंज, अररिया

398. बिहार में सिगरेट का एकमात्र कारखाना कहाँ स्थित है ?
(क) मुजफ्फरपुर (ख) गया
(ग) मुंगेर (घ) पटना

399. बिहार में किस स्थान पर 'इंडियन इंस्टीट्यूट ऑफ हैंडलूम टेक्नोलॉजी' की स्थापना की गई है ?
(क) पूर्णिया (ख) किशनगंज
(ग) गया (घ) मधुबनी

400. बिहार में निम्नलिखित में से किस स्थान पर काँच उद्योग स्थित है ?
(क) पटना (ख) पूर्णिया
(ग) किशनगंज (घ) गया

401. बिहार के निम्नलिखित में से किस स्थान पर ऊनी कालीन बनाए जाते हैं ?
(क) दरभंगा (ख) दाऊद नगर
(ग) मुंगेर (घ) मोतीहारी

402. निम्नलिखित में से बिहार के किस स्थान पर बाटा शू कंपनी ने अपना जूते का कारखाना स्थापित किया है ?
(क) दीघाघाट (पटना) (ख) फतुहा (पटना)
(ग) बेलागंज (गया) (घ) राजगीर (नालंदा)

403. बिहार के निम्नलिखित में से किस स्थान पर प्लाईवुड उद्योग स्थित है ?
(क) हाजीपुर (ख) सहरसा
(ग) मेहसी (घ) बिहटा

404. बिहार में अलका रबर कारखाना कहाँ स्थित है ?
(क) जमीरा (ख) शाहपुर
(ग) जगदीशपुर (घ) औरंगाबाद

405. बिहार के बरौनी के तेलशोधक कारखाने की स्थापना किस देश की सहायता से हुई थी ?
(क) अमेरिका (ख) सोवियत संघ
(ग) फ्रांस (घ) कनाडा

उत्तर के लिए कृपया पृष्ठ सं. 151 देखें।

406. बिहार के किस स्थान पर बीड़ी उद्योग स्थित है?

(क) भागलपुर (ख) नालंदा

(ग) वैशाली (घ) गया

407. बिहार में राज्य सरकार के अनेक उपक्रम पटना में स्थित हैं। निम्नलिखित में से कौन सा औद्योगिक उपक्रम पटना में नहीं है?

(क) बिहार फोरेस्ट डेवलपमेंट कॉर्पोरेशन लि.

(ख) बिहार स्टेट वाटर डेवलपमेंट कॉर्पोरेशन लि.

(ग) बिहार स्टेट टेक्स्ट बुक्स पब्लिशिंग कॉर्पोरेशन लि.

(घ) बिहार स्टेट स्पन सिल्क मिल

408. बिहार में इंडियन ऑयल रिफाइनरी कहाँ पर स्थित है?

(क) बरौनी (बेगूसराय) (ख) फतुहा (पटना)

(ग) पूसा (समस्तीपुर) (घ) दीघाघाट (पटना)

409. बिहार की बरौनी ताप विद्युत् परियोजना किस पर आधारित है?

(क) प्राकृतिक गैस (ख) डीजल

(ग) कोयला (घ) प्राकृतिक ऊर्जा

410. बिहार के निम्नलिखित में से कौन सा उद्योग अवस्थित नहीं है?

(क) तंबाकू (ख) कागज

(ग) चीनी (घ) लौह इस्पात

411. बिहार का एकमात्र तेलशोधक कारखाना किस स्थान पर स्थित है?

(क) धनबाद (ख) बरौनी

(ग) हथुआ (घ) मोकामा

412. बिहार के कुछ नगरों एवं उससे संबंधित उद्योगों के जोड़ों में से कौन सा जोड़ा गलत है?

नगर		उद्योग
(क) ओबरा	—	कालीन निर्माण उद्योग
(ख) समस्तीपुर	—	कागज
(ग) दरभंगा	—	बीड़ी
(घ) नारायणपुर	—	औषधि-निर्माण

413. 'बिहार राज्य विद्युत् परिषद्' की स्थापना किस वर्ष हुई थी?

(क) 1956 (ख) 1958

उत्तर के लिए कृपया पृष्ठ सं. 151 देखें।

(ग) 1961 (घ) 1968

414. 'बिहार राज्य कृषि उद्योग विकास निगम' कब स्थापित हुआ था?

(क) 1960 (ख) 1966

(ग) 1968 (घ) 1972

415. बिहार में मुंगेर जिले के किस स्थान पर रेलवे डीजल इंजन की मरम्मत का कारखाना स्थित है?

(क) तारापुर (ख) जमालपुर

(ग) खड़गपुर (घ) उपर्युक्त में से कोई नहीं।

416. बिहार में किस स्थान पर 'भारत वैगन एंड इंजीनियरिंग कंपनी लिमिटेड' की स्थापना की गई है?

(क) मोकामा (पटना) (ख) हाजीपुर (वैशाली)

(ग) भभुआ (कैमूर) (घ) बेलागंज (गया)

417. निम्नलिखित में से किस जिले में 'बिहार स्टेट शुगर कॉर्पोरेशन लिमिटेड' स्थित है?

(क) पटना (ख) गया

(ग) मुजफ्फरपुर (घ) मुंगेर

418. निम्नलिखित में से किस जिले में 'बिहार स्टेट स्कूटर्स लिमिटेड' की स्थापना की गई है?

(क) मोकामा (पटना) (ख) फतुहा (पटना)

(ग) पालीगंज (पटना) (घ) मसौढ़ी (पटना)

419. बिहार के किस स्थान पर भारत सरकार ने पेट्रो केमिकल्स स्थापित किया है?

(क) आरा (ख) फतुहा

(ग) बरौनी (घ) सासाराम

420. बिहार के कुछ नगरों एवं उससे संबंधित उद्योगों के जोड़ों में कौन सा जोड़ गलत है?

नगर		उद्योग
(क) मुंगेर	—	बंदूक
(ख) दीघा	—	शराब
(ग) टंडवा	—	कंबल-निर्माण
(घ) रीगा	—	सिंदूर फैक्टरी

उत्तर के लिए कृपया पृष्ठ सं. 151 देखें।

421. 'बिहार राज्य खादी ग्रामोद्योग बोर्ड' की स्थापना किस वर्ष हुई थी?

(क) 1950 (ख) 1956

(ग) 1961 (घ) 1975

422. 'बिहार राज्य पर्यटन विकास निगम' की स्थापना किस वर्ष हुई?

(क) 1960 (ख) 1970

(ग) 1980 (घ) 1985

423. बिहार के किस जिले में 'बिहार स्टेट एक्सपोर्ट कॉर्पोरेशन लिमिटेड' की स्थापना की गई है?

(क) मुजफ्फरपुर (ख) पटना

(ग) गया (घ) मुंगेर

424. बिहार के निम्नलिखित जिलों में से किसमें लाख उद्योग अवस्थित नहीं है?

(क) मुंगेर (ख) पूर्णिया

(ग) गया (घ) मधुबनी

425. बिहार राज्य की 'नई औद्योगिक नीति' को मंजूरी कब दी गई?

(क) वर्ष 2000 (ख) वर्ष 2001

(ग) वर्ष 2003 (घ) वर्ष 2004

426. बिहार के निम्नलिखित में से किस स्थान पर चमड़ा उद्योग अवस्थित नहीं है?

(क) मोकामा (ख) दीघा

(ग) गया (घ) आरा

427. बिहार के निम्नलिखित में से किस स्थान पर बरतन उद्योग अवस्थित नहीं है?

(क) सिवान (ख) बिहटा

(ग) मुंगेर (घ) उपर्युक्त सभी

428. बिहार के किस जिले में हथकरघा उद्योग अवस्थित नहीं है?

(क) भागलपुर (ख) पटना

(ग) मधुबनी (घ) सीतामढ़ी

429. बिहार राज्य में सूती वस्त्र उद्योग का विकास किन जिलों में सर्वाधिक हुआ है?

(क) गया, भागलपुर (ख) मुंगेर, सिवान

(ग) दरभंगा, किशनगंज (घ) पूर्णिया, कटिहार

उत्तर के लिए कृपया पृष्ठ सं. 151 देखें।

430. बिहार में वनस्पति घी उद्योग के लिए बिहार शरीफ–राजगीर मार्ग पर एक मिल की स्थापना किस वर्ष की गई थी?

(क) 1970 (ख) 1972

(ग) 1974 (घ) 1976

431. बिहार के पश्चिमी चंपारण जिले के किस स्थान पर दियासलाई का प्रमुख कारखाना स्थित है?

(क) बेतिया (ख) बगहा

(ग) रामनगर (घ) नौतन

432. बिहार में निम्नलिखित में से किस स्थान पर बटन–निर्माण उद्योग स्थित है?

(क) मेहसी (पूर्वी चंपारण) (ख) किशनगंज (मधेपुरा)

(ग) हाजीपुर (वैशाली) (घ) बेतिया (पश्चिमी चंपारण)

433. बिहार के किस नगर में 'बिहार स्टेट स्माल इंडस्ट्रीज डेवलपमेंट कॉर्पोरेशन लिमिटेड' की स्थापना की गई है?

(क) मधेपुरा (ख) किशनगंज

(ग) गया (घ) पटना

434. सन् 1951 में बिहार में कितनी पंजीकृत लघु एवं कुटीर इकाइयाँ थीं?

(क) 2,231 (ख) 3,231

(ग) 4,231 (घ) 5,231

435. बिहार के किस स्थान पर 'हिंदू इंजीनियरिंग कंपनी' स्थित है?

(क) बरौनी (ख) बरारी

(ग) बाँका (घ) मधुबनी

436. 'बिहार राज्य अल्पसंख्यक वित्तीय निगम' की स्थापना किस वर्ष की गई थी?

(क) 1983 (ख) 1987

(ग) 1989 (घ) 1991

437. 'बिहार राज्य चीनी निगम' की स्थापना किस वर्ष हुई थी?

(क) 1965 (ख) 1971

(ग) 1974 (घ) 1977

उत्तर के लिए कृपया पृष्ठ सं. 151-152 देखें।

9

कृषि एवं दुग्ध उत्पादन

438. निम्नलिखित में से कौन सी फसल बिहार में सर्वाधिक क्षेत्र में बोई जाती है?

(क) धान (ख) गेहूँ
(ग) मक्का (घ) ज्वार

439. बिहार में कौन सी फसलें उगाई जाती हैं?

(क) जायद (ख) रबी
(ग) खरीफ (घ) उपर्युक्त सभी

440. बिहार के कितने प्रतिशत क्षेत्र में कृषि की जाती है?

(क) 65 प्रतिशत (ख) 70 प्रतिशत
(ग) 75 प्रतिशत (घ) 80 प्रतिशत

441. बिहार को निम्नलिखित में से कितने कृषि प्रदेशों में विभाजित किया गया है?

(क) 6 (ख) 7
(ग) 8 (घ) 9

442. बिहार में नलकूपों द्वारा सबसे अधिक सिंचाई किस जिले में होती है?

(क) रोहतास (ख) मुंगेर
(ग) पटना (घ) मुजफ्फरपुर

443. बिहार में नहरों द्वारा सिंचाई सबसे अधिक किस क्षेत्र में होती है?

(क) उत्तरी गंगा का मैदान (ख) दक्षिणी गंगा का मैदान
(ग) गंगा का तटवर्ती मैदान (घ) उपर्युक्त सभी

444. बिहार में फसल बीमा नीति कब लागू की गई है?

उत्तर के लिए कृपया पृष्ठ सं. 152 देखें।

(क) 1 अप्रैल, 1998 (ख) 1 अप्रैल, 1999
(ग) 1 अप्रैल, 2000 (घ) 1 अप्रैल, 2002

445. बिहार में निम्नलिखित में से किन-किन स्थानों पर कृषि विश्वविद्यालय स्थापित किए गए हैं?
(क) मुंगेर एवं मुजफ्फरपुर (ख) समस्तीपुर एवं भागलपुर
(ग) रोहतास एवं बाँका (घ) नालंदा एवं वैशाली

446. बिहार में सर्वाधिक शुद्ध बोया गया क्षेत्र किस जिले में विस्तृत है?
(क) मुजफ्फरपुर (ख) मुंगेर
(ग) पटना (घ) बक्सर

447. बिहार में सर्वाधिक गैर-कृषि कार्यों में संलग्न भूमि किस जिले में पाई जाती है?
(क) दरभंगा (ख) मधुबनी
(ग) पटना (घ) सासाराम

448. बिहार में सर्वाधिक ऊसर (गैर-कृषि) भूमि किस जिले में पाई जाती है?
(क) बेगूसराय (ख) सीतामढ़ी
(ग) गया (घ) बाँका

449. बिहार में धान के बाद कौन सी दूसरी प्रमुख फसल है?
(क) गेहूँ (ख) मक्का
(ग) जूट (घ) चना

450. बिहार राज्य में चावल और गेहूँ के बाद सर्वाधिक क्षेत्र में बोई जानेवाली फसल कौन सी है?
(क) जौ (ख) गेहूँ
(ग) दालें (घ) मक्का

451. वर्ष 2000 में निम्नलिखित में से किन फसलों के लिए कृषि बीमा योजना लागू की गई थी?
(क) धान एवं मकई (ख) गेहूँ एवं जौ
(ग) जूट एवं चना (घ) ज्वार एवं बाजरा

452. सर्वप्रथम प्रोटीन-युक्त मक्का प्रभेदों का विकास किसके द्वारा किया गया था?
(क) राजेंद्र कृषि विश्वविद्यालय (समस्तीपुर)
(ख) बिहार कृषि महाविद्यालय (भागलपुर)

उत्तर के लिए कृपया पृष्ठ सं. 152 देखें।

(ग) तिलहुत कॉलेज (मुजफ्फरपुर)
(घ) उपर्युक्त में से कोई नहीं

453. बिहार में कृषि के पिछड़ेपन के कारण कौन से हैं ?
(क) भूमि की दोषपूर्ण व्यवस्था
(ख) जोतों का आकार छोटा होना
(ग) कृषि का परंपरागत आधार
(घ) उपर्युक्त सभी

454. जूट के उत्पादन में बिहार का भारत में कौन सा स्थान है ?
(क) पहला (ख) दूसरा
(ग) चौथा (घ) पाँचवाँ

455. बिहार के किस जिले में सर्वाधिक जूट पैदा किया जाता है ?
(क) पूर्णिया (ख) पटना
(ग) मुजफ्फरपुर (घ) बक्सर

456. बिहार में ज्वार उत्पादक जिले निम्नलिखित में से कौन से हैं ?
(क) भोजपुर, चंपारण, मुंगेर (ख) पटना, गया, बक्सर
(ग) पूर्णिया, भागलपुर, सारण (घ) सहरसा, दरभंगा, रोहतास

457. बिहार का तंबाकू उत्पादन में भारत में कौन सा स्थान है ?
(क) चौथा (ख) पाँचवाँ
(ग) छठा (घ) सातवाँ

458. निम्नलिखित में से किसके उत्पादन में बिहार का भारत में प्रथम स्थान है ?
(क) आलू (ख) रागी (मडुआ)
(ग) मक्का (मकई) (घ) गेहूँ

459. बिहार का कौन सा जिला दलहन के उत्पादन में अग्रणी है ?
(क) पटना (ख) मुजफ्फरपुर
(ग) दरभंगा (घ) मुंगेर

460. बिहार का गेहूँ के उत्पादन में भारत में कौन सा स्थान है ?
(क) पाँचवाँ (ख) सातवाँ
(ग) छठा (घ) आठवाँ

461. 'भारतीय कृषि अनुसंधान परिषद्' का पूर्वी क्षेत्रीय मुख्यालय कहाँ स्थित है ?
(क) मुंगेर (ख) पटना

उत्तर के लिए कृपया पृष्ठ सं. 152 देखें।

(ग) राँची (घ) मुजफ्फरपुर

462. निम्नलिखित में से जूट की भाँति रेशे की कौन सी फसल बिहार में पैदा होती है ?
(क) सनई (ख) पटसन
(ग) मेस्टा (घ) उपर्युक्त सभी

463. बिहार में सर्वाधिक कौन सी फसलें बोई जाती हैं ? (अवरोही क्रम में)
(क) चावल, गेहूँ, दालें, मक्का (ख) चावल, गेहूँ, मक्का, दालें
(ग) दालें, मक्का, चावल, गेहूँ (घ) गेहूँ, चावल, दालें, मक्का

464. बिहार में चावल उत्पादक प्रमुख जिलों में कौन से शामिल हैं ?
(क) मुजफ्फरपुर, पटना, गया (ख) चंपारण, दरभंगा, सहरसा
(ग) कटिहार, जमुई, मधुबनी (घ) सिवान, गोपालगंज, बेतिया

465. बिहार का भारत में चावल के उत्पादन में कौन सा स्थान है ?
(क) दूसरा (ख) तीसरा
(ग) पाँचवाँ (घ) सातवाँ

466. बिहार में गेहूँ उत्पादक जिलों में निम्नलिखित में से कौन सा शामिल नहीं है ?
(क) चंपारण (ख) पटना
(ग) मुजफ्फरपुर (घ) दरभंगा

467. बिहार में मक्का उत्पादक प्रमुख जिले निम्नलिखित में कौन से हैं ?
(क) सारण, दक्षिणी चंपारण, भागलपुर, पटना
(ख) मुंगेर, उत्तरी चंपारण, बेतिया, मधेपुरा
(ग) भोजपुर, गया, गोपालगंज, बक्सर
(घ) सिवान, झबुआ, मधुबनी, बाँका

468. आलू के उत्पादन में बिहार का कौन सा जिला अग्रणी है ?
(क) पटना (ख) भागलपुर
(ग) दरभंगा (घ) मुंगेर

469. बिहार में गन्ना उत्पादक प्रमुख जिलों में कौन सा सम्मिलित नहीं है ?
(क) चंपारण (ख) दरभंगा
(ग) भोजपुर (घ) मुंगेर

470. बिहार में 'आलू विकास एवं शोध संस्थान' किस स्थान पर स्थित है ?
(क) मसौढ़ी (पटना) (ख) बिहार शरीफ (नालंदा)

उत्तर के लिए कृपया पृष्ठ सं. 152 देखें।

(ग) रामगढ़ (कैमूर) (घ) माँझी (सारण)

471. बिहार में पैदा होनेवाली तिलहन फसलों में कौन सी फसलें प्रमुख हैं?
(क) राई एवं सरसों (ख) रेंडी एवं सरगुज्जा
(ग) तीसी एवं तिल (घ) उपर्युक्त में से कोई नहीं

472. बिहार में मक्का का मुख्य उत्पादक क्षेत्र कहाँ स्थित है?
(क) उत्तरी बिहार में (ख) दक्षिणी बिहार में
(ग) पश्चिमी बिहार में (घ) पूर्वी बिहार में

473. तिलहन के प्रति हेक्टेयर के उत्पादन की दृष्टि से कौन सा जिला प्रमुख है?
(क) किशनगंज (ख) मधेपुरा
(ग) पटना (घ) पूर्णिया

474. सन् 2001 की जनगणना के अनुसार बिहार में शुद्ध बोया गया क्षेत्र कितना है?
(क) 59.23 प्रतिशत (ख) 61.23 प्रतिशत
(ग) 63.23 प्रतिशत (घ) 67.23 प्रतिशत

475. बिहार में 'लीची अनुसंधान केंद्र' कहाँ स्थित है?
(क) मुशहरी (मुजफ्फरपुर) (ख) मोकामा (पटना)
(ग) सासाराम (रोहतास) (घ) पूसा (समस्तीपुर)

476. बिहार में निम्नलिखित में से किस स्थान पर 'मक्का अनुसंधान केंद्र' स्थित है?
(क) बेगूसराय (ख) मोकामा
(ग) मुशहरी (घ) बरौनी

477. बिहार का कौन सा जिला आम की पैदावार में अग्रणी है?
(क) दरभंगा (ख) किशनगंज
(ग) मुजफ्फरपुर (घ) मधुबनी

478. बिहार में निम्नलिखित में से कौन सी फसल खरीफ की फसल के साथ उगाई जाती है और रबी की फसल के साथ काटी जाती है?
(क) अरहर (ख) चना
(ग) चावल (घ) मूँग

479. बिहार के किस जिले में 'मखाना विकास एवं शोध संस्थान' स्थित है?
(क) पटना (ख) गया

उत्तर के लिए कृपया पृष्ठ सं. 152 देखें।

(ग) रोहतास (घ) दरभंगा

480. निम्नलिखित में से कौन सी रबी की फसल नहीं है?
(क) चना (ख) गेहूँ
(ग) आलू (घ) गन्ना

481. बिहार में रबी की फसल किस महीने बोई जाती है?
(क) अक्तूबर-नवंबर (ख) जून-जुलाई
(ग) जुलाई-अगस्त (घ) सितंबर-अक्तूबर

482. निम्नलिखित में से किस फसल को 'वर्षा की फसल' भी कहते हैं?
(क) रबी (ख) जायद
(ग) खरीफ (घ) उपर्युक्त में से कोई नहीं

483. निम्नलिखित में से कौन सी खरीफ की फसल है?
(क) बाजरा (ख) महुआ
(ग) आलू (घ) चना

484. बिहार में खरीफ की फसल किस महीने बोई जाती है?
(क) जुलाई-अगस्त (ख) जून-जुलाई
(ग) अक्तूबर-नवंबर (घ) उपर्युक्त में से कोई नहीं

485. खरीफ की फसल की कटाई किस महीने में होती है?
(क) अक्तूबर-नवंबर (ख) जून-जुलाई
(ग) जुलाई-अगस्त (घ) मार्च-अप्रैल

486. निम्नलिखित में से किस फसल को 'गरमी की फसल' भी कहते हैं?
(क) जायद (ख) रबी
(ग) खरीफ (घ) उपर्युक्त सभी

487. कौन सी फसल जायद की फसल नहीं है?
(क) मकई (ख) ज्वार
(ग) जूट (घ) सरसों

488. बिहार में जायद की फसल कब बोई जाती है?
(क) मई-जून (ख) जुलाई-अगस्त
(ग) मार्च-अप्रैल (घ) अक्तूबर-नवंबर

489. निम्नलिखित में से किस फसल को 'जाड़े की फसल' भी कहते हैं?
(क) रबी (ख) जायद

उत्तर के लिए कृपया पृष्ठ सं. 152 देखें।

(ग) खरीफ (घ) उपर्युक्त में से कोई नहीं

490. बिहार की कुल श्रम-शक्ति में कृषि-श्रमिकों का अनुपात कितना है?
(क) 40.28 प्रतिशत (ख) 46.18 प्रतिशत
(ग) 48.12 प्रतिशत (घ) 50.12 प्रतिशत

491. बिहार में किस स्थान पर 'जल-प्रबंधन अनुसंधान केंद्र' स्थित है?
(क) सब्जपुरा (पटना) (ख) छपरा (सारण)
(ग) हाजीपुर (वैशाली) (घ) सासाराम (रोहतास)

492. बिहार के निम्नलिखित में से किस जिले के सर्वाधिक क्षेत्र में चरागाह हैं?
(क) वैशाली (ख) मुजफ्फरपुर
(ग) नालंदा (घ) मधेपुरा

493. बिहार की कुल सिंचित भूमि का निम्नलिखित में से कितने प्रतिशत भाग नहरों द्वारा सींचा जाता है?
(क) 21 प्रतिशत (ख) 27 प्रतिशत
(ग) 30 प्रतिशत (घ) 37 प्रतिशत

494. 'बिहार राज्य चकबंदी अधिनियम' कब लागू हुआ था?
(क) वर्ष 1956 (ख) वर्ष 1958
(ग) वर्ष 1961 (घ) वर्ष 1966

495. 'बिहार में भूमि अधिसीमा अधिनियम' कब पारित हुआ था?
(क) वर्ष 1956 (ख) वर्ष 1961
(ग) वर्ष 1966 (घ) वर्ष 1976

496. बिहार में निम्नलिखित में से किस जानवर से सबसे अधिक दूध की प्राप्ति होती है?
(क) बकरी (ख) भैंस
(ग) गाय (घ) भेड़

□

उत्तर के लिए कृपया पृष्ठ सं. 152 देखें।

10

वन, वन्य जीव एवं राष्ट्रीय उद्यान

497. बिहार में मुख्यत: किस प्रकार के वन पाए जाते हैं ?
   (क) पर्वतीय (ख) सदाबहार
   (ग) पर्णपाती (घ) तराई वन

498. बिहार के कुल क्षेत्रफल के लगभग कितने प्रतिशत भूभाग पर वन पाए जाते हैं ?
   (क) 6.8 प्रतिशत (ख) 7.1 प्रतिशत
   (ग) 9.1 प्रतिशत (घ) 11.8 प्रतिशत

499. बिहार राज्य में वनों द्वारा घिरी भूमि का क्षेत्रफल कितना है ?
   (क) 6,264 वर्ग कि.मी. (ख) 6,764 वर्ग कि.मी.
   (ग) 7,264 वर्ग कि.मी (घ) 7,624 वर्ग कि.मी.

500. बिहार के आर्द्र पतझड़ वनों में निम्नलिखित में से कौन से वृक्ष सर्वाधिक उगते हैं ?
   (क) साल (ख) शीशम
   (ग) खैर (घ) उपर्युक्त में से कोई नहीं

501. शीशम के वन बिहार में किस क्षेत्र में पाए जाते हैं ?
   (क) दक्षिण-पूर्वी (ख) उत्तर-पूर्वी
   (ग) उत्तर-पश्चिमी (घ) दक्षिण-पश्चिमी

502. बिहार राज्य के वनस्पति प्रदेश में निम्नलिखित में से कौन सा वन शामिल नहीं है ?
   (क) आर्द्र पर्णपाती वन (ख) सदाबहार वन
   (ग) शुष्क पतझड़ वन (घ) तराई वन

उत्तर के लिए कृपया पृष्ठ सं. 152 देखें।

503. बिहार में सुरक्षित वन कुल वन क्षेत्र का कितना प्रतिशत है ?
(क) 75 प्रतिशत (ख) 80 प्रतिशत
(ग) 86 प्रतिशत (घ) 89 प्रतिशत

504. मध्य बिहार में लगभग कितने प्रतिशत भाग में वन पाए जाते हैं ?
(क) 16 प्रतिशत (ख) 19 प्रतिशत
(ग) 23 प्रतिशत (घ) 27 प्रतिशत

505. बिहार के किशनगंज जिले के उत्तर-पूर्वी भाग के हिमालय की तराई के दलदली भाग में किस प्रकार के वन मिलते हैं ?
(क) शुष्क पतझड़ वन (ख) आर्द्र पतझड़ वन
(ग) उपहिमालय वन (घ) तराई के वन

506. बिहार में कैमूर की पहाड़ी तथा छोटा नागपुर की उत्तरी ढलानों पर किस प्रकार के वन मिलते हैं ?
(क) तराई के वन (ख) शुष्क पतझड़ वन
(ग) आर्द्र पतझड़ वन (घ) सदाबहार वन

507. नेपाल की सीमा से लगे बिहार के तराई क्षेत्र में किस प्रकार के वन पाए जाते हैं ?
(क) आर्द्र पर्णपाती वन (ख) शुष्क पर्णपाती वन
(ग) सदाबहार वन (घ) उपर्युक्त में से कोई नहीं

508. बिहार राज्य वनों से प्राप्त पदार्थों पर आधारित निम्नलिखित में से किस उद्योग में भारत में प्रथम स्थान रखता है ?
(क) लाख उद्योग (ख) कागज उद्योग
(ग) लकड़ी उद्योग (घ) उपर्युक्त में से कोई नहीं

509. दसवीं पंचवर्षीय योजना के अंतर्गत कुल भूमि के क्षेत्रफल का कितना प्रतिशत हिस्सा वन के रूप में विकसित करने का लक्ष्य राष्ट्रीय स्तर पर रखा गया है ?
(क) 30 प्रतिशत (ख) 33 प्रतिशत
(ग) 36 प्रतिशत (घ) 43 प्रतिशत

510. बिहार में भूमि की उपलब्धता को देखते हुए कुल क्षेत्रफल का कितना प्रतिशत हिस्सा वन के रूप में विकसित करने का लक्ष्य रखा गया है ?
(क) 23 प्रतिशत (ख) 20 प्रतिशत
(ग) 26 प्रतिशत (घ) 29 प्रतिशत

उत्तर के लिए कृपया पृष्ठ सं. 152-153 देखें।

511. तराई वन बिहार के किन जिलों में पाए जाते हैं ?
(क) सहरसा व पूर्णिया (ख) भागलपुर व बाँका
(ग) कैमूर व बक्सर (घ) गया व नवादा

512. शुष्क पर्णपाती वन बिहार में कहाँ पाए जाते हैं ?
(क) गया, दक्षिणी मुंगेर, दक्षिणी भागलपुर
(ख) सिवान, दक्षिणी सारण, पूर्णिया
(ग) औरंगाबाद, सासाराम, झाबुआ
(घ) सुपौल, मधुबनी, दक्षिणी अररिया

513. बिहार में वन–उत्पाद निर्माण हेतु लकड़ी तथा वन संबंधित सामग्रियों के संग्रहण व विपणन का एकाधिकार किसके पास है ?
(क) राज्य वन विकास निगम (ख) वन विभाग
(ग) गैर–सरकारी अभिकरणों (घ) उपर्युक्त में कोई भी नहीं

514. बिहार के किस जिले में वनों का क्षेत्रफल सबसे कम है ?
(क) भागलपुर (ख) नालंदा
(ग) पूर्णिया (घ) औरंगाबाद

515. बिहार के निम्नलिखित में से किस जिले में वनों का क्षेत्रफल सर्वाधिक है ?
(क) पश्चिमी चंपारण (ख) रोहतास
(ग) मुंगेर (घ) जमुई

516. बिहार का 'गौतम बुद्ध वन्य जीव अभयारण्य' किस जिले में स्थित है ?
(क) किशनगंज (ख) पटना
(ग) गया (घ) दरभंगा

517. 'गौतम बुद्ध वन्य जीव अभयारण्य' की स्थापना किस वर्ष की गई थी ?
(क) 1968 (ख) 1974
(ग) 1976 (घ) 1978

518. बिहार के गया जिले में स्थित 'गौतम बुद्ध वन्य जीव अभयारण्य' कितने क्षेत्रफल में विस्तृत है ?
(क) 20.83 वर्ग कि.मी. (ख) 23.88 वर्ग कि.मी.
(ग) 25.83 वर्ग कि.मी. (घ) 29.86 वर्ग कि.मी.

519. बिहार के प्रमुख वन्य जीव अभयारण्य एवं उनकी अवस्थिति के जोड़ों में कौन सा जोड़ा गलत है ?

उत्तर के लिए कृपया पृष्ठ सं. 153 देखें।

वन्य जीव अभयारण्य		अवस्थिति
(क) भीमबाँध वन्य जीव अभयारण्य	—	मुंगेर
(ख) वाल्मीकि नगर वन्य जीव अभयारण्य	—	प. चंपारण
(ग) उदयपुर अभयारण्य	—	दरभंगा
(घ) नामी डेम अभयारण्य	—	प. चंपारण

520. निम्नलिखित में से कौन सा वन्य जीव अभयारण्य बिहार में स्थित नहीं है?
(क) भीमबाँध वन्य जीव अभयारण्य
(ख) वाल्मीकि नगर वन्य जीव अभयारण्य
(ग) कोडरमा वन्य जीव अभयारण्य
(घ) उदयपुर अभयारण्य

521. बिहार में कुल कितने अभयारण्य स्थित हैं?
(क) 8 (ख) 9
(ग) 13 (घ) 22

522. बिहार का सबसे बड़ा अभयारण्य कौन सा है?
(क) कैमूर अभयारण्य (ख) राजगीर अभयारण्य
(ग) नामी डेम अभयारण्य (घ) गौतम बुद्ध अभयारण्य

523. बिहार का 'कैमूर अभयारण्य' कितने क्षेत्रफल में विस्तृत है?
(क) 800 वर्ग कि.मी. (ख) 1,000 वर्ग कि.मी.
(ग) 900 वर्ग कि.मी. (घ) 1,100 वर्ग कि.मी.

524. बिहार के मुंगेर जिले में स्थित 'भीमबाँध वन्य जीव अभयारण्य' की स्थापना किस वर्ष हुई थी?
(क) 1971 (ख) 1976
(ग) 1984 (घ) 1995

525. बिहार में 'भीमबाँध वन्य जीव अभयारण्य' में कौन से जानवर पाए जाते हैं?
(क) स्लोथ-भालू व चौसिंगा (ख) बाघ व चिंकारा
(ग) सफेद शेर व चिंकारा (घ) गैंजेटिक डॉल्फिन

526. बिहार का 'परमान डॉल्फिन अभयारण्य' किस जिले में स्थित है?
(क) अररिया (ख) भागलपुर
(ग) गया (घ) कटिहार

527. 'संजय गांधी जैविक उद्यान' बिहार के किस जिले में स्थित है?

उत्तर के लिए कृपया पृष्ठ सं. 153 देखें।

(क) पटना (ख) गया

(ग) बेगूसराय (घ) मुंगेर

528. बिहार का सबसे छोटा वन्य जीव अभयारण्य, जो बेतिया में स्थित है, इनमें से कौन सा है ?

(क) उदयपुर अभयारण्य (ख) कैमूर अभयारण्य

(ग) नामी डेम अभयारण्य (घ) गौतम बुद्ध अभयारण्य

529. बक्सर जिले में स्थित 'बक्सर पक्षी विहार' किसलिए प्रसिद्ध है ?

(क) साइबेरियाई पक्षी के लिए (ख) लालशर पक्षी के लिए

(ग) सफेद कबूतर के लिए (घ) सफेद तोते के लिए

530. बिहार के प्रमुख पक्षी विहार एवं उनकी अवस्थिति के जोड़ों में कौन सा जोड़ा गलत है ?

	पक्षी विहार		**अवस्थिति**
(क)	कुशेश्वर पक्षी विहार	—	नालंदा
(ख)	कावर पक्षी विहार	—	बेगूसराय
(ग)	नगी पक्षी विहार	—	जमुई
(घ)	गोगाबिल पक्षी विहार	—	कटिहार

531. बिहार का 'कुशेश्वर पक्षी विहार' किस जिले में स्थित है ?

(क) भागलपुर (ख) कटिहार

(ग) किशनगंज (घ) दरभंगा

532. बिहार के निम्नलिखित में से किस पक्षी विहार में साईबेरियाई पक्षी प्रवास के लिए आते हैं ?

(क) कुशेश्वर पक्षी विहार (ख) गोगाबिल पक्षी विहार

(ग) बक्सर पक्षी विहार (घ) सुहियान पक्षी विहार

533. बिहार का पहला 'डॉल्फिन अभयारण्य' कौन सा है ?

(क) परमान डॉल्फिन अभयारण्य

(ख) विक्रमशिला गंगा डॉल्फिन अभयारण्य

(ग) नामी डेम अभयारण्य

(घ) उपर्युक्त में से कोई नहीं

534. बिहार का 'विक्रमशिला गंगा डॉल्फिन अभयारण्य' किस जिले में स्थित है ?

उत्तर के लिए कृपया पृष्ठ सं. 153 देखें।

(क) बाँका (ख) नवादा
(ग) भागलपुर (घ) बक्सर

535. बिहार के किस पक्षी विहार की गणना विश्व के वेटलैंड में होती है ?
(क) कुशेश्वर पक्षी विहार (ख) गोगाबिल पक्षी विहार
(ग) कावर पक्षी विहार (घ) नगी पक्षी विहार

536. 'नक्टी पक्षी विहार' किस जिले में स्थित है ?
(क) जमुई (ख) पटना
(ग) दरभंगा (घ) बक्सर

537. बिहार का कौन सा पक्षी विहार उत्तर भारत का सबसे बड़ा पक्षी विहार है ?
(क) बक्सर पक्षी विहार (ख) कावर पक्षी विहार
(ग) कुशेश्वर पक्षी विहार (घ) नगी पक्षी विहार

538. बिहार के कटिहार जिले में स्थित 'गोगाबिल पक्षी विहार' कितने क्षेत्र में विस्तृत है ?
(क) 188.19 एकड़ क्षेत्र (ख) 217.99 एकड़ क्षेत्र
(ग) 238.14 एकड़ क्षेत्र (घ) 245.99 एकड़ क्षेत्र

539. बिहार के किस पक्षी विहार में एक धनुषाकार झील स्थित है ?
(क) नक्टी पक्षी विहार (ख) गोगाबिल पक्षी विहार
(ग) कावर पक्षी विहार (घ) नगी पक्षी विहार

540. बिहार के निम्नलिखित में से किस पक्षी विहार की स्थापना सबसे पहले हुई थी ?
(क) कावर पक्षी विहार (ख) नक्टी पक्षी विहार
(ग) गोगाबिल पक्षी विहार (घ) बक्सर पक्षी विहार

□

उत्तर के लिए कृपया पृष्ठ सं. 153 देखें।

11

जनजातीय समाज

541. बिहार में मुख्यत: कितनी जनजातियाँ पाई जाती हैं ?
   (क) तीन (ख) चार
   (ग) पाँच (घ) सात
542. बिहार राज्य में निम्नलिखित में से कौन सी जनजाति पाई जाती है ?
   (क) खौंड़ (ख) बेड़िया
   (ग) गोंड (घ) उपर्युक्त सभी
543. गोंड जनजाति के लोग बिहार के किन जिलों में पाए जाते हैं ?
   (क) सारण, सिवान, गोपालगंज (ख) छपरा, चंपारण, रोहतास
   (ग) भागलपुर, कटिहार, बाँका (घ) सुपौल, मधुबनी, किशनगंज
544. गोंड जनजातीय लोग कौन सी भाषा बोलते हैं ?
   (क) भोजपुरी (ख) बोडो
   (ग) मुंडारी (घ) मैथिली
545. बिहार की गोंड जनजाति के संबंध में कौन सा कथन सही है ?
   (क) इनकी अपनी कोई बस्ती नहीं होती है
   (ख) यह अन्य आदिवासियों तथा गैर-आदिवासियों की बस्ती में ही रहते हैं
   (ग) इनका पेशा कृषि होता है
   (घ) उपर्युक्त सभी सही
546. बिहार की खौंड़ जनजाति किस जिले में पाई जाती है ?
   (क) शाहाबाद (ख) कटिहार
   (ग) नवादा (घ) समस्तीपुर

उत्तर के लिए कृपया पृष्ठ सं. 153 देखें।

547. खौंड़ जनजातीय लोग निम्नलिखित में से कौन सी क्षेत्रीय भाषा बोलते हैं ?

(क) मैथिली (ख) बोडो

(ग) संथाली (घ) भोजपुरी

548. खौंड़ जनजाति के लोगों का मुख्य व्यवसाय क्या है ?

(क) कृषि करना (ख) नौकरी करना

(ग) मजदूरी करना (घ) उपर्युक्त में से कोई नहीं

549. बिहार की बेड़िया जनजाति मुख्यत: किस जिले में पाई जाती है ?

(क) अररिया (ख) जहानाबाद

(ग) मुंगेर (घ) मुजफ्फरपुर

550. बेड़िया जनजाति के लोगों का मुख्य व्यवसाय क्या है ?

(क) मजदूरी (ख) कृषि

(ग) कुटीर उद्योग (घ) उपर्युक्त सभी

551. बिहार की निम्नलिखित में से किस जनजाति को 'लड़ाकू जनजाति' कहा जाता है ?

(क) बेड़िया (ख) गोंड

(ग) खरवार (घ) कोरबा

552. बिहार की बिरहोर जनजाति के लोगों के निवास-स्थल को क्या कहते हैं ?

(क) टाँडा (ख) टोले

(ग) धुमकुरिया (घ) उपर्युक्त में से कोई नहीं

553. वर्ष 2001 की जनगणना के अनुसार बिहार में अनुसूचित जनजातियों की जनसंख्या का प्रतिशत कितना है ?

(क) 0.6 (ख) 0.9

(ग) 1.6 (घ) 1.9

554. वर्ष 2001 की जनगणना के अनुसार बिहार में अनुसूचित जनजातियों की संख्या कितनी है ?

(क) 6,58,132 (ख) 7,58,351

(ग) 8,18,131 (घ) 9,18,441

555. वर्ष 2001 की जनगणना के अनुसार बिहार में अनुसूचित जनजातीय महिलाओं की संख्या कितनी है ?

(क) 3,93,114 (ख) 3,65,237

उत्तर के लिए कृपया पृष्ठ सं. 153 देखें।

(ग) 3,11,108 (घ) 3,84,184

556. बिहार के किस जिले में अनुसूचित जनजातियों की सर्वाधिक जनसंख्या पाई जाती है ?

(क) कटिहार (ख) सिवान

(ग) पूर्णिया (घ) बाँका

557. बिहार के किस जिले में अनुसूचित जनजातियों की जनसंख्या सबसे कम है ?

(क) शिवहर (ख) शेखपुरा

(ग) दरभंगा (घ) खगड़िया

558. बिहार के किन चार जिलों में जनजातियों की जनसंख्या सर्वाधिक पाई जाती है ?

(क) भागलपुर, कैमूर, रोहतास, मुंगेर

(ख) कटिहार, पूर्णिया, बाँका, जमुई

(ग) पश्चिमी चंपारण, किशनगंज, अररिया, मधेपुरा

(घ) सिवान, पटना, बक्सर, भोजपुर

559. वर्ष 2001 की जनगणना के अनुसार बिहार में अनुसूचित जातियों की जनसंख्या का प्रतिशत कितना है ?

(क) 10.7 (ख) 13.7

(ग) 15.7 (घ) 18.7

560. बिहार के निम्नलिखित में से किन चार जिलों में अनुसूचित जनजातियों की जनसंख्या सबसे कम पाई जाती है ?

(क) शिवहर, शेखपुरा, खगड़िया, दरभंगा

(ख) सीतामढ़ी, मधुबनी, भागलपुर, नालंदा

(ग) जहानाबाद, औरंगाबाद, गया, नवादा

(घ) सिवान, वैशाली, समस्तीपुर, बेगूसराय

561. बिहार के निम्नलिखित में से किस जिले में अनुसूचित जनजातीय महिलाओं की संख्या सर्वाधिक है ?

(क) पूर्णिया (ख) जमुई

(ग) भागलपुर (घ) बाँका

562. बिहार के निम्नलिखित में से किन चार जिलों में अनुसूचित जातियों की

उत्तर के लिए कृपया पृष्ठ सं. 153 देखें।

सबसे अधिक जनसंख्या पाई जाती है ?

(क) वैशाली, पूर्वी चंपारण, मधुबनी, दरभंगा

(ख) गया, पटना, समस्तीपुर, मुजफ्फरपुर

(ग) रोहतास, नवादा, भोजपुर, बेगूसराय

(घ) पश्चिमी चंपारण, सारण, नालंदा, औरंगाबाद

563. वर्ष 2001 की जनगणना के अनुसार बिहार में अनुसूचित जातियों की जनसंख्या कितनी है ?

(क) 1,00,48,608 (ख) 13,00,48,608

(ग) 1,10,16,073 (घ) 1,50,18,118

564. बिहार के निम्नलिखित में से किस जिले में अनुसूचित जातियों की संख्या सर्वाधिक पाई जाती है ?

(क) बाँका (ख) समस्तीपुर

(ग) मुजफ्फरपुर (घ) गया

565. गया जिले में अनुसूचित जातियों की जनसंख्या का प्रतिशत कितना है ?

(क) 29.65 (ख) 23.49

(ग) 25.11 (घ) 28.11

566. बिहार के किस जिले में अनुसूचित जातियों की जनसंख्या का प्रतिशत सबसे कम है ?

(क) किशनगंज (ख) वैशाली

(ग) सीतामढ़ी (घ) भागलपुर

567. बिहार में अनुसूचित जातीय पुरुषों की संख्या कितनी है ?

(क) 57,81,143 (ख) 67,01,821

(ग) 67,84,676 (घ) 62,61,317

568. बिहार के निम्नलिखित में से किन चार जिलों में अनुसूचित जातियों की संख्या सबसे कम पाई जाती है ?

(क) मधेपुरा, सहरसा, खगड़िया, बाँका

(ख) शिवहर, किशनगंज, शेखपुरा, लखीसराय

(ग) मुंगेर, बक्सर, कैमूर, अररिया

(घ) सुपौल, भागलपुर, जहानाबाद, जमुई

569. वर्ष 2001 की जनसंख्या के अनुसार बिहार में अनुसूचित जाति की

उत्तर के लिए कृपया पृष्ठ सं. 153-154 देखें।

महिलाओं की संख्या कितनी है ?

(क) 67,84,176 (ख) 79,61,217

(ग) 71,81,170 (घ) 62,63,932

570. निम्नलिखित में से बिहार के किस जिले में अनुसूचित जाति का सर्वाधिक प्रतिशत है ?

(क) नवादा (ख) औरंगाबाद

(ग) कैमूर (घ) नालंदा

□

उत्तर के लिए कृपया पृष्ठ सं. 154 देखें।

12
पर्यटन

571. पटना व उसके निकट के प्रमुख पर्यटन स्थलों में निम्नलिखित में से कौन सा शामिल नहीं है ?

(क) हरमिंदर साहिब (ख) पादरी की हवेली

(ग) महाबोधि वृक्ष (घ) गोलघर

572. पटना के पश्चिमी किनारे पर स्थित गोलघर का निर्माण 1786 ई. में किसके द्वारा करवाया गया था ?

(क) कपुचिन फादर्स (ख) कैप्टन जॉन ग्यार्सटन

(ग) कैप्टन कुक (घ) वॉरेन हेस्टिंग्स

573. पटना में स्थित 'शहीद स्मारक' निम्नलिखित में से किसकी याद में बनवाया गया था ?

(क) भगतसिंह की याद में

(ख) सन् 1942 के आंदोलन में सचिवालय पर तिरंगा झंडा फहरानेवाले सात शहीदों की याद में

(ग) कुँवर सिंह की याद में

(घ) उपर्युक्त में से कोई नहीं

574. निम्नलिखित में से कौन सा मुंगेर का पर्यटन स्थल नहीं है ?

(क) कहलगाँव का मंदिर (ख) मंदार पहाड़ी

(ग) बरारी की गुफा (घ) जालान का किला

575. वाल्मीकि नगर, जो बिहार के उत्तर-पश्चिमी कोने पर नेपाल की सीमा पर स्थित है, एक प्रसिद्ध स्थान क्यों है ?

(क) गंडक नदी पर एक बाँध बनाए जाने के कारण

उत्तर के लिए कृपया पृष्ठ सं. 154 देखें।

(ख) भगवान् बुद्ध का जन्म-स्थल होने के कारण

(ग) प्राचीनकाल में मगध साम्राज्य की राजधानी होने के कारण

(घ) उपर्युक्त में से कोई नहीं

576. बिहार के वैशाली नगर के संबंध में निम्नलिखित में से कौन सा वाक्य गलत है ?

(क) यहाँ विश्व का प्रथम गणतंत्र स्थापित हुआ था

(ख) यहाँ भगवान् महावीर का जन्म हुआ था

(ग) यहाँ भगवान् बुद्ध को ज्ञान प्राप्त हुआ था

(घ) यहाँ बौद्ध धर्म के प्रचारकों का द्वितीय सम्मेलन हुआ था

577. पटना से 80 कि.मी. दूर पावापुरी एक प्रमुख तीर्थस्थल है, इसके संबंध में कौन सा वाक्य सही है ?

(क) यह भगवान् बुद्ध का जन्म-स्थल है

(ख) यह भगवान् महावीर का निर्वाण-स्थल है

(ग) यह भगवान् महावीर का जन्म-स्थल है

(घ) उपर्युक्त में से कोई नहीं

578. बिहार का वैशाली नगर निम्नलिखित में से किस धर्म का प्रमुख तीर्थस्थल है ?

(क) बौद्ध धर्म (ख) जैन धर्म

(ग) हिंदू धर्म (घ) बौद्ध व जैन धर्म

579. निम्नलिखित में से बिहार के किस नगर में 125 फीट ऊँचे 'विश्व शांति स्तूप' का निर्माण किया गया है ?

(क) पटना (ख) गया

(ग) नालंदा (घ) वैशाली

580. बिहार के निम्नलिखित में से किस पर्यटन केंद्र पर गरम जल के अनेक स्रोत हैं?

(क) नालंदा (ख) गया

(ग) पावापुरी (घ) राजगीर

581. बिहार सरकार द्वारा पर्यटन को किस वर्ष एक उद्योग के रूप में मान्यता प्रदान की गई थी ?

(क) 1981 (ख) 1987

(ग) 1997 (घ) 2004

उत्तर के लिए कृपया पृष्ठ सं. 154 देखें।

582. बिहार के किस स्थान पर सर्वाधिक विदेशी पर्यटक आते हैं?

(क) बोधगया (ख) वाल्मीकि नगर

(ग) सासाराम (घ) विक्रमशिला

583. निम्नलिखित में से कौन सा बिहार के भागलपुर जिले का पर्यटन स्थल नहीं है?

(क) बरारी गुफा (ख) अजगैबीनाथ मंदिर

(ग) विष्णुपद मंदिर (घ) मंदार पहाड़ी

584. 'भगवान् नरसिंह अवतार स्तंभ' (वनमनखी) बिहार के किस जिले में स्थित है?

(क) सासाराम (ख) पूर्णिया

(ग) वैशाली (घ) किशनगंज

585. बिहार सरकार के पर्यटन विभाग के किस स्थान पर एक आकाशीय रज्जुपथ परियोजना के संचालन की व्यवस्था की है?

(क) बिहार शरीफ (ख) वैशाली

(ग) बरौनी (घ) राजगीर

586. ऐतिहासिक गांधी मैदान बिहार के किस जिले में स्थित है?

(क) दरभंगा (ख) पटना

(ग) मुजफ्फरपुर (घ) बक्सर

587. बिहार के निम्नलिखित में से किस नगर में 'सूर्य मंदिर' स्थित है?

(क) दरभंगा (ख) गया

(ग) मुंगेर (घ) वैशाली

588. पटना में स्थित 'खुदाबक्श ओरियंटल लाइब्रेरी' की स्थापना किस वर्ष हुई थी?

(क) 1861 (ख) 1881

(ग) 1891 (घ) 1905

589. किस वर्ष 'खुदाबक्श ओरियंटल लाइब्रेरी' को संसद् द्वारा राष्ट्रीय महत्त्व की संस्था घोषित किया गया था?

(क) 1951 (ख) 1961

(ग) 1969 (घ) 1971

590. बिहार के किस स्थान पर 'एशिया का सबसे बड़ा तारामंडल' स्थित है?

उत्तर के लिए कृपया पृष्ठ सं. 154 देखें।

(क) पटना (ख) मुजफ्फरपुर
(ग) वैशाली (घ) सीतामढ़ी

591. पटना स्थित तारामंडल का नाम क्या है ?
(क) राजीव गांधी तारामंडल (ख) इंदिरा गांधी तारामंडल
(ग) राजेंद्र प्रसाद तारामंडल (घ) शेरशाह सूरी तारामंडल

592. निम्नलिखित में से कौन सा स्थान बिहार का पर्यटन स्थल नहीं है ?
(क) गया (ख) अररिया
(ग) वैशाली (घ) सीतामढ़ी

593. देव का सूर्य मंदिर बिहार के किस जिले में स्थित है ?
(क) मुजफ्फरपुर (ख) औरंगाबाद
(ग) पटना (घ) सासाराम

594. बिहार स्थित किस किले की ऊँचाई 45.75 मीटर है, जो ताजमहल (आगरा) से भी 4 मीटर अधिक है ?
(क) शेरशाह का किला (ख) जालान का किला
(ग) रोहतास का किला (घ) मुंगेर का किला

595. पटना सिटी स्थित हरमंदिर साहिब, जो सिखों का तीर्थस्थल है, यहाँ सिखों के किस गुरु का जन्म हुआ था ?
(क) गुरु नानक (ख) गुरु तेगबहादुर
(ग) गुरु गोविंद सिंह (घ) गुरु हरगोविंद

596. हरमंदिर साहिब, जिसे 'पटना साहिब गुरुद्वारा' भी कहते हैं। इस गुरुद्वारे का निर्माण किसने करवाया था ?
(क) गुरु गोविंद सिंह (ख) महाराणा रणजीत सिंह
(ग) गुरु हरगोविंद (घ) उपर्युक्त में से कोई नहीं

597. बिहार में 'बिहार शरीफ' नामक स्थान, जो मुसलमानों का तीर्थस्थल है, इस नगर का संबंध निम्नलिखित में से किस संत से रहा है ?
(क) संत पीर मखदूम शाह शरीफुद्दीन
(ख) संत हजरत शेख दौलत
(ग) सूफी संत पीर हजरत मखादुन याहिया
(घ) उपर्युक्त में से कोई नहीं

598. बिहार में 'मनेर शरीफ' नामक स्थान, जो मुसलमानों का तीर्थस्थल है, इस

उत्तर के लिए कृपया पृष्ठ सं. 154 देखें।

नगर का संबंध निम्नलिखित में से किस संत से रहा है ?
(क) सूफी संत पीर हजरत मखादुन याहिया
(ख) संत पीर मखदूम शाह शरीफुद्दीन
(ग) हजरत मोहम्मद मुराद शहंशाह सूफी
(घ) उपर्युक्त में से कोई नहीं

599. पटना सिटी में स्थित किस मसजिद का निर्माण जहाँगीर के पुत्र परवेज द्वारा किया गया था ?
(क) मिर्जा मासूम की मसजिद
(ख) पत्थर की मसजिद
(ग) शीश महल मसजिद
(घ) मालसलामी मसजिद

600. बिहार के राजगीर (नालंदा) नगर के संबंध में निम्नलिखित में से कौन सा वाक्य गलत है ?
(क) यहाँ मखदूम कुंड मुसलमानों का पवित्र तीर्थस्थल है
(ख) यहाँ संत मखदूम शाह शेख अहमद का निवास-स्थान है
(ग) यहाँ संत चिल्ला साहब की मजार है
(घ) यहाँ मिर्जा मासूम की मसजिद स्थित है

601. बिहार के निम्नलिखित में से किस जिले में 'पूरण देवी मंदिर' स्थित है ?
(क) पूर्णिया (ख) वैशाली
(ग) मुंगेर (घ) पटना

602. पटना में स्थित पादरी की हवेली का निर्माण किस वर्ष हुआ था ?
(क) 1707 (ख) 1751
(ग) 1757 (घ) 1764

603. बराबर की गुफाएँ बिहार के किस जिले में स्थित हैं ?
(क) गोपालगंज (ख) सिवान
(ग) गया (घ) मुंगेर

604. 'सातधरवा' के नाम से विख्यात सात गुफाओं के बारे में कौन सा वाक्य सही है ?
(क) इनमें चार गुफाएँ बराबर पहाड़ी समूह की हैं
(ख) इसमें तीन गुफाएँ नागार्जुन पहाड़ी समूह की हैं

उत्तर के लिए कृपया पृष्ठ सं. 154 देखें।

(ग) इन गुफाओं का निर्माण तीसरी सदी में बौद्ध भिक्षुओं द्वारा पत्थर काटकर किया गया था

(घ) उपर्युक्त सभी

605. बराबर पहाड़ी, जो बिहार का एक प्रमुख पर्यटक स्थल है, इस पहाड़ी समूह की कुल चार गुफाओं में निम्नलिखित में से कौन सी गुफा शामिल नहीं है ?

(क) सुदामा गुफा (ख) गोपी गुफा

(ग) विश्वामित्र गुफा (घ) कर्ण गुफा

606. नागार्जुन पहाड़ी समूह की तीन गुफाओं में कौन सी गुफा शामिल नहीं है ?

(क) लोमर्षि गुफा (ख) बाहमक गुफा

(ग) वेदांतिक गुफा (घ) गोपी गुफा

607. बराबर पहाड़ी समूह की किस गुफा को 'सूविया गुफा' भी कहते हैं ?

(क) सुदामा गुफा (ख) लोमर्षि गुफा

(ग) कर्ण गुफा (घ) विश्वामित्र गुफा

608. बिहार के निम्नलिखित में से किस जिले में बरारी गुरु बाजार का गुरुद्वारा स्थित है ?

(क) सासाराम (ख) पटना

(ग) पूर्णिया (घ) कटिहार

609. बिहार सरकार की बिहार के किस स्थान को 'वाटर रिसोर्ट' स्थल के रूप में विकसित करने की योजना है ?

(क) उड़वाँ (ख) हाजीपुर

(ग) बेतिया (घ) आरा

610. बिहार के किस स्थान पर 'आरण्य देवी मंदिर' स्थित है ?

(क) आरा (ख) हाजीपुर

(ग) सीतामढ़ी (घ) सोनपुर

611. बिहार के किस स्थान पर 'अकबरी मसजिद' स्थित है ?

(क) हाजीपुर (ख) मनेर

(ग) सासाराम (घ) फुलवारी शरीफ

612. सेंट फ्रांसिस ऑसिसी चर्च बिहार के किस जिले में स्थित है ?

(क) मुजफ्फरपुर (ख) बक्सर

उत्तर के लिए कृपया पृष्ठ सं. 154 देखें।

(ग) आरा (घ) गया

613. बिहार के किस जिले में 'ककोलत जलप्रपात' स्थित है?
(क) नवादा (ख) मुजफ्फरपुर
(ग) शेखपुरा (घ) वैशाली

614. बिहार के गया जिले में कौन सा मंदिर स्थित नहीं है?
(क) विष्णुपाद मंदिर (ख) महाबोधि मंदिर
(ग) पूरणदेवी मंदिर (घ) श्रीलंकाई मंदिर

615. 'राम-जानकी मंदिर' बिहार के किस जिले में स्थित है?
(क) नालंदा (ख) गया
(ग) सीतामढ़ी (घ) मुंगेर

616. निम्नलिखित में से कौन सा मंदिर बिहार के पटना जिले में नहीं है?
(क) बिड़ला मंदिर (ख) मुंडेश्वरी मंदिर
(ग) अन्नपूर्णा मंदिर (घ) चैतन्य महाप्रभु मंदिर

617. पटना में स्थित कौन सा मंदिर 'जल्ले का महावीर मंदिर' नाम से भी प्रसिद्ध है?
(क) छोटी पटन देवी मंदिर (ख) महावीर मंदिर
(ग) बड़ी पटन देवी मंदिर (घ) शीतला माता मंदिर

618. पटना में निम्नलिखित में से कौन सा गुरुद्वारा स्थित नहीं है?
(क) गुरुद्वारा गुरु का बाग (ख) गुरुद्वारा हाँडी साहब
(ग) गुरुद्वारा गोविंद घाट (घ) गुरुद्वारा गुरुसिंह सभा

619. बिहार की किस मसजिद को 'पठान की मसजिद' भी कहते हैं?
(क) शीश महल मसजिद (ख) जामा मसजिद
(ग) सैफा खाँ की मसजिद (घ) पत्थर की मसजिद

620. बिहार के किस स्थान पर 'नेपाली मंदिर' स्थित है?
(क) पावापुरी (ख) हाजीपुर
(ग) सीतामढ़ी (घ) सासाराम

□

उत्तर के लिए कृपया पृष्ठ सं. 154 देखें।

13

शिक्षा

621. सन् 2001 की जनगणना के अनुसार बिहार में कुल साक्षरता का प्रतिशत कितना है ?

(क) 37.0 प्रतिशत (ख) 47.0 प्रतिशत

(ग) 51.0 प्रतिशत (घ) 57.0 प्रतिशत

622. बिहार में पुरुष साक्षरता का प्रतिशत कितना है ?

(क) 39.7 प्रतिशत (ख) 44.7 प्रतिशत

(ग) 49.7 प्रतिशत (घ) 60.7 प्रतिशत

623. बिहार में महिला साक्षरता का प्रतिशत कितना है ?

(क) 23.1 प्रतिशत (ख) 28.1 प्रतिशत

(ग) 31.1 प्रतिशत (घ) 33.1 प्रतिशत

624. साक्षरता की दृष्टि से भारत के राज्यों में बिहार का कौन सा स्थान है ?

(क) 22वाँ (ख) 24वाँ

(ग) 26वाँ (घ) 28वाँ

625. आधुनिक बिहार में सर्वप्रथम स्थापित विश्वविद्यालय कौन सा है ?

(क) मगध विश्वविद्यालय (ख) पटना विश्वविद्यालय

(ग) भागलपुर विश्वविद्यालय (घ) राँची विश्वविद्यालय

626. बिहार में शिक्षा का स्तर कैसा है ?

(क) अति निम्न (ख) निम्न

(ग) उच्च (घ) मध्यम

627. बिहार का सर्वाधिक साक्षरतावाला जिला कौन सा है ?

(क) मुंगेर (ख) पटना

उत्तर के लिए कृपया पृष्ठ सं. 154-155 देखें।

(ग) औरंगाबाद (घ) रोहतास

628. बिहार में न्यूनतम साक्षरतावाला जिला कौन सा है ?

(क) किशनगंज (ख) पूर्णिया

(ग) मधेपुरा (घ) कटिहार

629. बिहार में सर्वाधिक महिला साक्षरता दर वाला जिला कौन सा है ?

(क) पटना (ख) मुंगेर

(ग) भोजपुर (घ) रोहतास

630. बिहार में सर्वाधिक पुरुष साक्षरता दर वाला जिला कौन सा है ?

(क) रोहतास (ख) बक्सर

(ग) पटना (घ) भोजपुर

631. 'राज्य शिक्षा शोध एवं प्रशिक्षण परिषद्' बिहार में कहाँ स्थित है ?

(क) महेंदु (पटना) (ख) पूसा (समस्तीपुर)

(ग) आगमकुआँ (पटना) (घ) मदार (बाँका)

632. बिहार के किस जिले में 'संजय गांधी इंस्टीट्यूट ऑफ डेयरी टेक्नोलॉजी' स्थित है ?

(क) छपरा (ख) पटना

(ग) दरभंगा (घ) किशनगंज

633. 'भीमराव अंबेडकर विश्वविद्यालय' बिहार में कहाँ पर स्थित है ?

(क) पटना (ख) मुजफ्फरपुर

(ग) दरभंगा (घ) गया

634. बिहार के आरा जिले में स्थित कुँअर सिंह विश्वविद्यालय की स्थापना कब हुई थी ?

(क) वर्ष 1952 में (ख) वर्ष 1962 में

(ग) वर्ष 1982 में (घ) वर्ष 1992 में

635. बिहार के किस जिले में 'तिलका माँझी विश्वविद्यालय' स्थित है ?

(क) भागलपुर (ख) दरभंगा

(ग) पटना (घ) मुजफ्फरपुर

636. बिहार में साक्षरता अभियान कब शुरू हुआ ?

(क) वर्ष 1927 में (ख) वर्ष 1937 में

(ग) वर्ष 1942 में (घ) वर्ष 1948 में

उत्तर के लिए कृपया पृष्ठ सं. 155 देखें।

637. बिहार में जिला शिक्षा समिति का अध्यक्ष कौन होता है ?

(क) जिलाधीश (ख) उपजिलाधीश

(ग) जिला शिक्षा अधिकारी (घ) जिला विकास अधिकारी

638. निम्नलिखित में से किस अंतरराष्ट्रीय एजेंसी की सहायता से बिहार में 'जिला प्राथमिक शिक्षा कार्यक्रम' चलाया जा रहा है ?

(क) जनशिक्षा निदेशालय (ख) बिहार शिक्षा निदेशालय

(ग) यूनीसेफ (घ) यूनेस्को

639. बिहार में सर्वप्रथम किस स्थान पर कृषि विश्वविद्यालय स्थापित किया गया था ?

(क) भागलपुर (ख) पूर्णिया

(ग) किशनगंज (घ) समस्तीपुर

640. बिहार में सर्वप्रथम 'विज्ञान संग्रहालय' कब स्थापित किया गया ?

(क) वर्ष 1908 में (ख) वर्ष 1918 में

(ग) वर्ष 1923 में (घ) वर्ष 1928 में

641. निम्नलिखित में से कौन सा बिहार का सबसे पुराना चिकित्सा महाविद्यालय है ?

(क) मगध मेडिकल कॉलेज, गया

(ख) पटना मेडिकल कॉलेज, पटना

(ग) जवाहरलाल मेडिकल कॉलेज, भागलपुर

(घ) इनमें से कोई भी नहीं

642. बिहार में 'योग विश्वविद्यालय' कहाँ स्थित है ?

(क) मुंगेर (ख) पटना

(ग) मधुबनी (घ) नालंदा

643. पुरुष साक्षरता की दृष्टि से भारत के राज्यों में बिहार का कौन सा स्थान है ?

(क) 24वाँ (ख) 26वाँ

(ग) 27वाँ (घ) 28वाँ

644. बिहार में 'ब्रह्मदेव कला एवं शिल्प महाविद्यालय' कहाँ स्थित है ?

(क) दरभंगा (ख) पटना

(ग) बोधगया (घ) वैशाली

645. 'कामेश्वर सिंह संस्कृत विश्वविद्यालय' बिहार के किस जिले में स्थित है ?

उत्तर के लिए कृपया पृष्ठ सं. 155 देखें।

(क) मधेपुरा (ख) पटना
(ग) दरभंगा (घ) गया

646. बिहार में निम्नलिखित में से किस विश्वविद्यालय की स्थापना सबसे पहले हुई?
(क) जयप्रकाश नारायण विश्वविद्यालय
(ख) कुँअर सिंह विश्वविद्यालय
(ग) भूपेंद्र नारायण मंडल विश्वविद्यालय
(घ) भीमराव अंबेडकर विश्वविद्यालय

647. बिहार में शिक्षा के प्रसार के लिए किस वर्ष को 'विद्यालयों में नामांकन वर्ष' के रूप में मनाया गया?
(क) 2000 (ख) 2002
(ग) 2006 (घ) 2008

648. महिला साक्षरता की दृष्टि से भारत के राज्यों में बिहार का कौन सा स्थान है?
(क) 18वाँ (ख) 21वाँ
(ग) 25वाँ (घ) 28वाँ

649. 'इंडियन इंस्टीट्यूट ऑफ बिजनेस मैनेजमेंट' बिहार के किस जिले में स्थित है?
(क) मधुबनी (ख) पटना
(ग) समस्तीपुर (घ) भागलपुर

650. बिहार में निरक्षरता उन्मूलन की सर्वप्रथम शुरुआत किस वर्ष हुई थी?
(क) 1937 (ख) 1947
(ग) 1957 (घ) 1977

651. बिहार का सबसे पुराना विधि महाविद्यालय कौन सा है?
(क) महाराज कॉलेज, आरा
(ख) पटना लॉ कॉलेज, पटना
(ग) शिवानंद मंडल लॉ कॉलेज, मधेपुरा
(घ) ए. एम. कॉलेज, गया

652. बिहार में 'जिला प्राथमिक शिक्षा परियोजना' की शुरुआत किस वर्ष हुई थी?

उत्तर के लिए कृपया पृष्ठ सं. 155 देखें।

(क) 1992 (ख) 1995

(ग) 1997 (घ) 1999

653. 'बिहार राज्य विश्वविद्यालय सेवा आयोग' का गठन कब हुआ था?

(क) 1982 में (ख) 1985 में

(ग) 1988 में (घ) 1998 में

654. बिहार में सर्वाधिक पुरुष साक्षरता दर वाले तीन जिले कौन से हैं?

(क) रोहतास, भोजपुर, पटना (ख) किशनगंज, सुपौल, अररिया

(ग) पटना, मुंगेर, रोहतास (घ) किशनगंज, कटिहार, अररिया

655. बिहार में सर्वाधिक महिला साक्षरता दर वाले तीन जिले कौन से हैं?

(क) पटना, मुंगेर, रोहतास (ख) किशनगंज, मुंगेर, कटिहार

(ग) बक्सर, पटना, नालंदा (घ) अररिया, किशनगंज, नालंदा

656. बिहार में 'इंदिरा गांधी राष्ट्रीय मुक्त विश्वविद्यालय' (इग्नू) का क्षेत्रीय कार्यालय कहाँ स्थित है?

(क) मुजफ्फरपुर (ख) पटना

(ग) दरभंगा (घ) मुंगेर

657. बिहार शिक्षा परियोजना सर्वप्रथम बिहार के किस जिले में प्रारंभ की गई?

(क) सीतामढ़ी (ख) गया

(ग) सासाराम (घ) जहानाबाद

658. 'बिहार शिक्षा परियोजना परिषद्' की स्थापना वर्ष 1991 में किसके अंतर्गत हुई थी?

(क) सोसाइटी रजिस्ट्रेशन एक्ट, 1860

(ख) प्राथमिक शिक्षा निदेशालय

(ग) जनशिक्षा निदेशालय

(घ) बिहार विश्वविद्यालय सेवा आयोग

659. भारत के दूसरे महिला रोजगार कार्यालय की स्थापना बिहार में कहाँ की गई है?

(क) पटना (ख) भागलपुर

(ग) मुजफ्फरपुर (घ) वैशाली

660. बिहार में 'जगजीवन राम संसदीय अध्ययन शोध संस्थान' कहाँ स्थित है?

(क) दरभंगा (ख) मधेपुरा

उत्तर के लिए कृपया पृष्ठ सं. 155 देखें।

(ग) गया (घ) पटना

661. बिहार में 'शिवानंद मंडल लॉ कॉलेज' कहाँ स्थित है?

(क) मधेपुरा (ख) समस्तीपुर

(ग) मुजफ्फरपुर (घ) पटना

662. बिहार का 'प्रथम खुला विश्वविद्यालय' कौन सा है?

(क) नालंदा विश्वविद्यालय (ख) पटना विश्वविद्यालय

(ग) मगध विश्वविद्यालय (घ) कुँअर सिंह विश्वविद्यालय

663. निम्नलिखित में से कौन सा बिहार का प्राचीनतम विश्वविद्यालय नहीं है?

(क) नालंदा विश्वविद्यालय (ख) विक्रमशिला विश्वविद्यालय

(ग) ओदंतपुरी विश्वविद्यालय (घ) तक्षशिला विश्वविद्यालय

□

उत्तर के लिए कृपया पृष्ठ सं. 155 देखें।

14

सूचना प्रौद्योगिकी एवं जनसंचार

664. बिहार के किस नगर में आकाशवाणी का प्रथम केंद्र स्थापित हुआ था?
(क) मुजफ्फरपुर (ख) मुंगेर
(ग) पटना (घ) पूर्णिया

665. बिहार में किस वर्ष आकाशवाणी केंद्र स्थापित किया गया था?
(क) 1945 (ख) 1948
(ग) 1957 (घ) 1978

666. बिहार में आकाशवाणी के पटना केंद्र के पहले निदेशक कौन थे?
(क) रामानुज प्रसाद सिंह (ख) रामरेणु गुप्त
(ग) श्रीबाल सीताराम माधेकर (घ) कृष्ण कुमार भार्गव

667. बिहार में आकाशवाणी के प्रमुख केंद्रों में कौन सा नगर शामिल नहीं है?
(क) पटना (ख) मुजफ्फरपुर
(ग) पूर्णिया (घ) किशनगंज

668. बिहार में आकाशवाणी में निम्नलिखित में से किन-किन भाषाओं में प्रसारण होता है?
(क) हिंदी, अंग्रेजी, उर्दू, बँगला
(ख) हिंदी, अंग्रेजी, भोजपुरी, मैथिली
(ग) हिंदी, भोजपुरी, बँगला, उर्दू
(घ) हिंदी, अंग्रेजी, संथाली, बोडो

669. बिहार में प्रादेशिक समाचारों का प्रसारण कब से किया जा रहा है?
(क) 28 फरवरी, 1957 (ख) 28 अप्रैल, 1757
(ग) 28 फरवरी, 1958 (घ) 28 अप्रैल, 1959

उत्तर के लिए कृपया पृष्ठ सं. 155 देखें।

670. बिहार के निम्नलिखित में से किस नगर में दूरदर्शन का प्रथम केंद्र स्थापित हुआ था?

(क) मुजफ्फरपुर (ख) पटना

(ग) कटिहार (घ) मुंगेर

671. बिहार में निम्नलिखित में से किस वर्ष दूरदर्शन का प्रथम केंद्र स्थापित किया गया था?

(क) 1948 (ख) 1958

(ग) 1978 (घ) 1988

672. बिहार में दूरदर्शन के प्रमुख केंद्रों में कौन सा नगर शामिल नहीं है?

(क) पटना (ख) सिवान

(ग) कटिहार (घ) मुजफ्फरपुर

673. बिहार में दूरदर्शन के उच्च शक्ति के कितने ट्रांसमीटर हैं?

(क) 3 (ख) 5

(ग) 8 (घ) 11

674. बिहार में दूरदर्शन के निम्न शक्ति के कितने ट्रांसमीटर हैं?

(क) 21 (ख) 26

(ग) 31 (घ) 36

675. निम्नलिखित में से किस वर्ष पटना में दूरदर्शन केंद्र की स्थापना हुई थी?

(क) 1978 (ख) 1980

(ग) 1988 (घ) 1990

676. किस वर्ष पटना में दूरदर्शन के रंगीन प्रसारण की सुविधा प्रारंभ हुई थी?

(क) 1980 (ख) 1982

(ग) 1990 (घ) 1992

677. बिहार का प्रथम हिंदी समाचार-पत्र कौन सा है?

(क) भाषा-प्रभाकर (ख) शिक्षा

(ग) बिहार-बंधु (घ) सर्वहितैषी

678. बिहार में 'बिहार बंधु' का प्रकाशन कब और कहाँ से शुरू हुआ था?

(क) 1870 ई. (मुजफ्फरपुर) (ख) 1880 ई. (मुंगेर)

(ग) 1874 ई. (पटना) (घ) 1884 ई. (सासाराम)

679. बिहार का पहला हिंदी दैनिक कौन सा था?

उत्तर के लिए कृपया पृष्ठ सं. 155 देखें।

(क) बिहार--बंधु (ख) सर्वहितैषी
(ग) नवशक्ति (घ) आर्यावर्त्त

680. बिहार का निम्नलिखित में से कौन सा समाचार-पत्र साप्ताहिक था?
(क) बिहार-बंधु (ख) आर्यावर्त्त
(ग) सर्वहितैषी (घ) प्रदीप

681. 'सर्वहितैषी' नामक हिंदी दैनिक का प्रकाशन पटना से किस वर्ष आरंभ हुआ था?
(क) 1874 (ख) 1880
(ग) 1884 (घ) 1890

682. बिंहार का निम्नलिखित में से कौन सा समाचार-पत्र दैनिक था?
(क) देश (ख) आज
(ग) प्रजा बंधु (घ) महावीर

683. बिहार का विख्यात 'आर्यावर्त्त' हिंदी दैनिक कहाँ से प्रकाशित होता था?
(क) दरभंगा (ख) गया
(ग) मुंगेर (घ) पटना

684. 'आर्यावर्त्त' हिंदी दैनिक का प्रकाशन कब आरंभ हुआ था?
(क) वर्ष 1940 (ख) वर्ष 1941
(ग) वर्ष 1944 (घ) वर्ष 1948

685. बिहार के हिंदी के समाचार-पत्रों में सबसे पहले प्रकाशित होनेवाला समाचार-पत्र कौन सा था?
(क) प्रदीप (ख) आत्मकथा
(ग) विश्वमित्र (घ) पाटलिपुत्र टाइम्स

686. बिहार से प्रक़ाशित हिंदी मासिक 'बालक' बिहार के किस नगर से प्रकाशित होता है?
(क) पटना (ख) दरभंगा
(ग) मुजफ्फरपुर (घ) चंपारण

687 बिहार से प्रकाशित सबसे पुराना हिंदी मासिक कौन सा था?
(क) बालक (ख) युवक
(ग) किशोर (घ) चुन्नू-मुन्नू

688. बिहार का प्रथम अंग्रेजी समाचार-पत्र कौन सा था?

उत्तर के लिए कृपया पृष्ठ सं. 155 देखें।

(क) 'द बिहार हेरल्ड'
(ख) 'दि इंडियन नेशन'
(ग) 'सर्चलाइट'
(घ) उपर्युक्त में से कोई नहीं

689. अंग्रेजी समाचार-पत्र 'द बिहार हेरल्ड' का प्रकाशन किसके द्वारा प्रारंभ किया गया था?
(क) गुरु प्रसाद सेन
(ख) पं. मदन मोहन भट्ट
(ग) सैयद हैदर हुसैन
(घ) मोहम्मद हाशिम

690. 'द बिहार हेरल्ड' का प्रकाशन किस वर्ष से आरंभ हुआ था?
(क) 1874
(ख) 1875
(ग) 1880
(घ) 1884

691. बिहार से 'द टाइम्स ऑफ इंडिया' का प्रकाशन किस वर्ष प्रारंभ हुआ था?
(क) 1984
(ख) 1986
(ग) 1988
(घ) 1992

692. बिहार का निम्नलिखित में से कौन सा अंग्रेजी समाचार-पत्र साप्ताहिक है?
(क) इंडियन नेशन
(ख) सर्चलाइट
(ग) पटना टाइम्स
(घ) उपर्युक्त सभी

693. बिहार का प्रथम उर्दू समाचार-पत्र कौन सा था?
(क) सदा-ए-आम
(ख) नूरुल अन्वार
(ग) साथी
(घ) कौमी तनजीम

694. उर्दू समाचार-पत्र 'नूरुल अन्वार' का प्रकाशन आरा से किसके द्वारा प्रारंभ किया गया था?
(क) मोहम्मद हाशिम
(ख) सैयद हैदर हुसैन
(ग) दिनेश दत्त
(घ) उपर्युक्त में से कोई नहीं

695. उर्दू का कौन सा पुराना समाचार-पत्र वर्तमान में भी पटना से प्रकाशित हो रहा है?
(क) नूरुल अन्वार
(ख) ऐतिहाद-ए-वतन
(ग) सदा-ए-आम
(घ) सदा-ए-चमन

696. बिहार का निम्नलिखित में से कौन सा उर्दू का समाचार-पत्र दैनिक नहीं था?
(क) कौमी आवाज
(ख) नूरुल अन्वार

उत्तर के लिए कृपया पृष्ठ सं. 155-156 देखें।

(ग) ऐतिहाद-ए-वतन (घ) सदा-ए-आम

697. बिहार का प्रथम संस्कृत मासिक पत्र कौन सा था ?

(क) विद्यार्थी (ख) धर्मनीति तत्त्वम्

(ग) मित्रम् (घ) पाटलिश्री

698. बिहार से प्रकाशित संस्कृत मासिक 'विद्यार्थी' किस नगर से प्रकाशित होता था ?

(क) मुजफ्फरपुर (ख) दरभंगा

(ग) गया (घ) पटना

699. संस्कृत मासिक 'विद्यार्थी' का प्रकाशन बिहार से किस वर्ष आरंभ हुआ था ?

(क) 1878 (ख) 1880

(ग) 1884 (घ) 1904

700. पटना से 'भारतीय' नामक मासिक पत्रिका का प्रकाशन निम्नलिखित में से किस भाषा में होता है ?

(क) उर्दू (ख) हिंदी

(ग) संस्कृत (घ) अंग्रेजी

701. संस्कृत की किस पत्रिका का प्रकाशन आरा जिले से होता है ?

(क) अरण्यकम् (ख) पाटलिश्री

(ग) देववाणी (घ) भारतीय

702. निम्नलिखित में से कौन सी संस्कृत की मासिक पत्रिका नहीं है ?

(क) देववाणी (ख) विद्यार्थी

(ग) अरण्यकम् (घ) भारतीय

□

उत्तर के लिए कृपया पृष्ठ सं. 156 देखें।

15

कला, संस्कृति, पर्व-त्योहार एवं मेले

703. निम्नलिखित में से किस शैली को 'मिथिला शैली' भी कहा जाता है?
(क) मधुबनी शैली (ख) पटना शैली
(ग) मंजूषा शैली (घ) साँझी शैली

704. 'मधुबनी चित्रकला' का प्रमुख चित्रकार कौन था?
(क) सेवकराम (ख) लालचंद
(ग) भारती दयाल (घ) नानकचंद

705. 'पटना शैली' के कलाकारों में सबसे पहला नाम किसका लिया जाता है?
(क) गुरसहाय लाल (ख) जयराम दास
(ग) नंदलाल (घ) सेवक राम

706. 'पाल चित्र शैली' पर निम्नलिखित में से किसका प्रभाव रहा?
(क) जैन कला का (ख) बौद्ध कला का
(ग) मुगल कला का (घ) हिंदू कला का

707. निम्नलिखित में से कौन सी चित्र शैली बिहार की नहीं रही है?
(क) मंजूषा चित्र शैली (ख) पटना चित्र शैली
(ग) मिथिला चित्र शैली (घ) मौर्य चित्र शैली

708. बिहार के किस क्षेत्र में मंजूषा चित्र शैली लोकप्रिय थी?
(क) नालंदा क्षेत्र में (ख) अंग क्षेत्र में
(ग) पाटलिपुत्र क्षेत्र में (घ) गया क्षेत्र में

709. भारत-रत्न से सम्मानित प्रसिद्ध शहनाई वादक उस्ताद बिस्मिल्ला खाँ का जन्म बिहार में किस स्थान पर हुआ था?
(क) पुनौरा (सीतामढ़ी) (ख) डुमराँव (बक्सर)

उत्तर के लिए कृपया पृष्ठ सं. 156 देखें।

(ग) वाराणसी (घ) सलेमपुर (मधुबनी)

710. 'भारतीय जन-नाट्य संघ' बिहार के किस जिले में स्थित है?

(क) नवादा (ख) पटना
(ग) मुजफ्फरपुर (घ) दरभंगा

711. निम्नलिखित में से कौन सी नाट्य संस्था/संगठन बिहार के बक्सर जिले में स्थित है?

(क) भारत नाट्य परिषद् (ख) नवरंग कला मंच
(ग) अनंत अभिनय कला परिषद् (घ) मयूर कला केंद्र

712. बिहार के आरा जिले में कौन सी नाट्य संस्था स्थित है?

(क) नवोदय संघ (ख) कामायनी
(ग) भोजपुरी मंच (घ) उपर्युक्त सभी

713. 'निराला क्लब' बिहार के किस जिले में स्थित है?

(क) नवादा (ख) छपरा
(ग) गया (घ) सासाराम

714. बिहार के किस जिले में 'चंद्रभारी संग्रहालय' स्थित है?

(क) मुजफ्फरपुर (ख) बक्सर
(ग) बोधगया (घ) दरभंगा

715. बिहार में 'नवादा संग्रहालय' की स्थापना किस वर्ष हुई थी?

(क) 1945 (ख) 1956
(ग) 1970 (घ) 1974

716. बिहार के दरभंगा जिले में स्थित 'चंद्रभारी संग्रहालय' की सर्वाधिक चर्चित निधि क्या है?

(क) हाथीदाँत के ऐतिहासिक अवशेष
(ख) पाल कालीन पुरावशेष
(ग) सिक्के एवं पांडुलिपियाँ
(घ) मध्यकालीन काले पत्थर की मूर्तियाँ

717. बिहार के प्रसिद्ध संगीत केंद्रों में निम्नलिखित में से कौन सा नगर शामिल नहीं है?

(क) मुंगेर (ख) पटना
(ग) वैशाली (घ) भागलपुर

उत्तर के लिए कृपया पृष्ठ सं. 156 देखें।

718. निम्नलिखित में से किस अवसर पर बिहार में 'लगनी राग' गाया जाता है ?

(क) विवाहोत्सव (ख) जन्मोत्सव

(ग) अंतिम संस्कार (घ) महोत्सव

719. बिहार में 'फाग राग' का सृजन किसने किया था ?

(क) उदय शंकर सिंह (ख) महाकवि विद्यापति

(ग) नवल किशोर सिंह (घ) उपेंद्र कुमार सिंह

720. बिहार में 'लगनी राग' के रचयिता कौन हैं ?

(क) महाकवि विद्यापति (ख) राम प्रसाद सिंह

(ग) महावीर सिंह (घ) राम बिहारी सिंह

721. बिहार के चैत्र के महीने में किस राग में गीत गाए जाते हैं ?

(क) चैता (ख) लगनी राग

(ग) पूरबी राग (घ) नचारी

722. बिहार के किस जिले में 'सागर नाट्य परिषद्' स्थित है ?

(क) भागलपुर (ख) मधुबनी

(ग) पटना (घ) गया

723. 'संगीत नृत्य नाट्य संस्थान' बिहार में कहाँ स्थित है ?

(क) मधुबनी (ख) मुजफ्फरपुर

(ग) नालंदा (घ) पटना

724. 'पटना संग्रहालय' की सर्वाधिक चर्चित निधि क्या है ?

(क) बुद्ध की मूर्ति (ख) महावीर की मूर्ति

(ग) विष्णु की मूर्ति (घ) दीदारगंज यक्षी की प्रतिमा

725. बिहार में फिल्म-निर्माण का कार्य किस वर्ष प्रारंभ हुआ था ?

(क) 1928 (ख) 1931

(ग) 1936 (घ) 1944

726. बिहार में फिल्मी दुनिया की शुरुआत करने का श्रेय किसे प्राप्त है ?

(क) विश्वनाथ प्रसाद साहाबादी (ख) चित्रगुप्त

(ग) भूपेंद्र नारायण सिंह (घ) सत्यजीत रे

727. बिहार की प्रथम फिल्म कौन सी थी ?

(क) गंगा मइया तोहे पियरी चढ़इबो

उत्तर के लिए कृपया पृष्ठ सं. 156 देखें।

(ख) पुनर्मिलन

(ग) मइया

(घ) बलमा नादान

728. वर्ष 1931 में 'पुनर्मिलन' नामक फिल्म का निर्माण किसने किया ?

(क) पी.एन. प्रसाद (ख) विश्वनाथ प्रसाद

(ग) भूपेंद्र नारायण सिंह (घ) अशोक चंद्र जैन

729. बिहार की प्रथम फिल्म 'पुनर्मिलन' के निर्देशक कौन थे ?

(क) धीरेन गांगुली (ख) एस.एम. नवाब

(ग) प्रकाश झा (घ) राजीव रंजन

730. बिहार की किसी आंचलिक भाषा (भोजपुरी) में निर्मित पहली फिल्म कौन सी थी ?

(क) मोरे मन मितवा (ख) मइया

(ग) गंगा मइया तोहे पियरी चढ़इबो (घ) आभिजान

731. निम्नलिखित में से कौन 'गंगा मइया तोहे पियरी चढ़इबो' फिल्म के निर्माता थे ?

(क) पी.एन. प्रसाद (ख) मंजुल सिन्हा

(ग) जद्दन बाई (घ) विश्वनाथ प्रसाद

732. किस वर्ष 'गंगा मइया तोहे पियरी चढ़इबो' नामक फिल्म का निर्माण हुआ था ?

(क) 1931 (ख) 1951

(ग) 1961 (घ) 1971

733. बिहार की प्रथम मैथिली फिल्म कौन सी थी ?

(क) कन्यादान (ख) गोनू झा

(ग) जय बाबा बैद्यनाथ (घ) बलमा नादान

734. निम्नलिखित में से कौन संगीतकार नहीं हैं ?

(क) आनंद मिलिंद (ख) चित्रगुप्त

(ग) आर. के. लक्ष्मण (घ) हरिमोहन झा

735. निम्नलिखित में से कौन बिहार के अंतरराष्ट्रीय ख्याति-प्राप्त छायाकार हैं ?

(क) एस.सी. देशमुख (ख) श्याम सागर

(ग) रामेश्वर सिंह कश्यप (घ) प्रकाश झा

उत्तर के लिए कृपया पृष्ठ सं. 156 देखें।

736. 'बिहार कोकिला' के रूप में किसे जाना जाता है ?

(क) रामदुलारी सिन्हा (ख) विंध्यवासिनी देवी

(ग) जछन बाई (घ) निर्मला देवी

737. निम्नलिखित में से किस अभिनेता का संबंध बिहार से रहा है ?

(क) शत्रुघ्न सिन्हा (ख) शेखर सुमन

(ग) अशोक कुमार (घ) उपर्युक्त सभी

738. बिहार के सबसे प्राचीन संग्रहालय 'पटना संग्रहालय' की स्थापना किस वर्ष हुई थी ?

(क) 1905 (ख) 1915

(ग) 1925 (घ) 1930

739. गया संग्रहालय की स्थापना किस वर्ष हुई ?

(क) 1970 (ख) 1975

(ग) 1980 (घ) 1985

740. निम्नलिखित में से कौन सा बिहार का लोक-नृत्य नहीं है ?

(क) धोबिया (ख) झिझिया

(ग) झरनी (घ) कमन

741. बिहार में निम्नलिखित में से कौन सा पर्व वैशाखी की पूर्णिमा के दिन मनाया जाता है ?

(क) बुद्ध जयंती (ख) महावीर जयंती

(ग) त्रिशूआ (घ) वैशाखी

742. बिहार में कौन सा पर्व चैत्र मास के शुक्ल पक्ष की नवमी के दिन मनाया जाता है ?

(क) रामनवमी (ख) शिवरात्रि

(ग) वसंत पंचमी (घ) दीपावली

743. कार्तिक मास की अमावस्या को कौन सा पर्व मनाया जाता है ?

(क) गोवर्द्धन पूजा (ख) दुर्गा पूजा

(ग) दीपावली (घ) होली

744. मकर संक्रांति प्राय: किस दिन मनाई जाती है ?

(क) 14 दिसंबर (ख) 14 जनवरी

(ग) 14 नवंबर (घ) 14 मार्च

उत्तर के लिए कृपया पृष्ठ सं. 156 देखें।

745. बिहार के क्षेत्रीय त्योहारों में सबसे महत्त्वपूर्ण पूजा कौन सी है ?

(क) छठ पूजा (ख) दुर्गा पूजा

(ग) इंद्र पूजा (घ) चित्रगुप्त पूजा

746. छठ पूजा के अवसर पर किसकी पूजा-अर्चना की जाती है ?

(क) शनिदेव की (ख) सूर्यदेव की

(ग) सीताजी की (घ) रामजी की

747. बिहार में निम्नलिखित में से कौन सा पर्व आश्विन मास के शुक्लपक्ष में पहली तिथि से दशमी तक मनाया जाता है ?

(क) दुर्गा पूजा (ख) कृष्ण जन्माष्टमी

(ग) ईद (घ) महालया

748. कौन सा पर्व श्रावण मास की पूर्णिमा के दिन मनाया जाता है ?

(क) होली (ख) रक्षाबंधन

(ग) नागपंचमी (घ) मुहर्रम

749. बिहार में निम्नलिखित में से कौन सा पर्व भाद्रपद महीने के शुक्लपक्ष की एकादशी से आश्विन कृष्ण पक्ष की पंचमी तक मनाया जाता है ?

(क) इंद्र पूजा (ख) छठ पूजा

(ग) चित्रगुप्त पूजा (घ) गोवर्द्धन पूजा

750. बिहार के निम्नलिखित में से किस पर्व को 'दवात पूजा' के नाम से भी जाना जाता है ?

(क) चित्रगुप्त पूजा (ख) दुर्गा पूजा

(ग) छठ पूजा (घ) इंद्र पूजा

751. 'तीज' पर्व कब मनाया जाता है ?

(क) भाद्रपद मास के शुक्ल पक्ष की तृतीया को

(ख) फाल्गुन मास के कृष्ण पक्ष के चौदहवें दिन

(ग) चैत्र मास के शुक्ल पक्ष की नवमी को

(घ) भाद्रपद मास के शुक्ल पक्ष की चतुर्थी को

752. निम्नलिखित में से कौन सा बिहार का विश्वविख्यात मेला है ?

(क) विष्णु का मेला (ख) वैशाली का मेला

(ग) सोनपुर का मेला (घ) मलमास का मेला

753. बिहार का विश्वविख्यात 'सोनपुर का मेला' किस दिन आयोजित होता है ?

उत्तर के लिए कृपया पृष्ठ सं. 156 देखें।

(क) कार्तिक पूर्णिमा (ख) चैत्र मास की नवमी

(क) चैत्र शुक्ल की त्रयोदशी (ख) विजयादशमी

754. बिहार के किस मेले को 'थारुओं का सांस्कृतिक मेला' भी कहा जाता है ?

(क) पितृपक्ष मेला (ख) सहोदरा मेला

(ग) सोराठ मेला (घ) मलमास मेला

755. 'पतराही मेला' बिहार के निम्नलिखित में से किस जिले में लगता है ?

(क) भागलपुर (ख) गया

(ग) सासाराम (घ) बेतिया

756. 'सोराठ मेला' बिहार के किस जिले में लगता है ?

(क) मधुबनी (ख) मुंगेर

(ग) गया (घ) मुजफ्फरपुर

757. निम्नलिखित में से बिहार के किस नगर में 'पितृपक्ष का मेला' लगता है ?

(क) गया (ख) बिहार शरीफ

(ग) वैशाली (घ) नालंदा

758. सीताजी की जन्म-स्थली सीतामढ़ी में निम्नलिखित में से कौन सा मेला लगता है ?

(क) वैशाली मेला (ख) सीता पंचमी मेला

(ग) जानकी नवमी का मेला (घ) सोराठ मेला

759. बिहार में हिंदी को सर्वाधिक महत्त्व देनेवाले तथा हिंदी का पथ प्रशस्त करनेवाले अग्रणी व्यक्ति कौन थे ?

(क) बाबू शिवानंद सहाय (ख) रामवृक्ष बेनीपुरी

(ग) बाबू अयोध्या प्रसाद (घ) सदल मिश्र

760. 'बिहार राष्ट्रभाषा परिषद्' की स्थापना पटना में किस वर्ष हुई ?

(क) 1930 (ख) 1940

(ग) 1950 (घ) 1960

761. 'बिहार हिंदी साहित्य सम्मेलन, पटना' की स्थापना कब हुई ?

(क) वर्ष 1906 में (ख) वर्ष 1916 में

(ग) वर्ष 1917 में (घ) वर्ष 1919 में

762. 'बिहार उर्दू अकादमी' की स्थापना कब हुई थी ?

(क) वर्ष 1970 में (ख) वर्ष 1975 में

उत्तर के लिए कृपया पृष्ठ सं. 156-157 देखें।

(ग) वर्ष 1985 में (घ) वर्ष 1990 में

763. बिहार में 'मैथिली साहित्यिक परिषद्' की स्थापना कब हुई?

(क) वर्ष 1929 में (ख) वर्ष 1939 में

(ग) वर्ष 1945 में (घ) वर्ष 1959 में

764. निम्नलिखित में से कौन से साहित्यकार बिहार के नहीं हैं?

(क) फणीश्वरनाथ 'रेणु' (ख) रामधारी सिंह 'दिनकर'

(ग) मैथिलीशरण गुप्त (घ) नागार्जुन

765. निम्नलिखित में से कौन सी कृति बिहार के प्रमुख साहित्यकार फणीश्वरनाथ 'रेणु' द्वारा लिखित नहीं है?

(क) उर्वशी (ख) मैला आँचल

(ग) जुलूस (घ) पलटू बाबू रोड

766. बिहार के किस साहित्यकार को मैथिली साहित्य में 'यवी' के नाम से जाना जाता है?

(क) विद्यापति (ख) नागार्जुन

(ग) रामवृक्ष बेनीपुरी (घ) भिखारी ठाकुर

767. निम्नलिखित में से बिहार के किस प्रमुख साहित्यकार को 'राष्ट्रकवि' होने का गौरव प्राप्त है?

(क) फणीश्वरनाथ 'रेणु' (ख) रामधारी सिंह 'दिनकर'

(ग) विद्यापति (घ) नागार्जुन

768. बिहार के किस साहित्यकार को 'भोजपुर का शेक्सपियर' कहा जाता है?

(क) भिखारी ठाकुर (ख) पं. कपिलदेव नारायण

(ग) रामबचन द्विवेदी (घ) रघुवीर नारायण

769. निम्नलिखित में से किसे 'मगही का शेली' कहा जाता है?

(क) लक्ष्मीनारायण पाठक (ख) सुरेश दुबे

(ग) बाबा कदमदास (घ) बालगोविंद मिश्रा

770. बिहार के किस कवि ने अपनी कविताओं के माध्यम से मैथिली साहित्य को शिखर तक पहुँचाया था?

(क) महेश ठाकुर (ख) गोविंद दास

(ग) विद्यापति (घ) नागार्जुन

771. 19वीं शताब्दी में उर्दू भाषा के विकास में किस कवि ने बिहार के

उत्तर के लिए कृपया पृष्ठ सं. 157 देखें।

साहित्यिक गौरव को बढ़ाया था?

(क) गालिब (ख) मोमिन

(ग) जौक (घ) अली मोहम्मद शाह

772. निम्नलिखित में से कौन सी कृति बिहार के प्रमुख साहित्यकार रामधारी सिंह 'दिनकर' की नहीं है?

(क) परशुराम प्रतिज्ञा (ख) उर्वशी

(ग) रेणुका (घ) रतिनाथ की चाची

773. 'रतिनाथ की चाची' किस साहित्यकार की कृति है?

(क) फणीश्वरनाथ 'रेणु' (ख) नागार्जुन

(ग) राजा राधिका रमण (घ) ज्योतीश्वर ठाकुर

774. उर्दू को बिहार में 'द्वितीय राजभाषा' का दर्जा किस वर्ष प्रदान किया गया?

(क) 1982 (ख) 1984

(ग) 1988 (घ) 1991

775. बिहार में एक विशेष हिंदी-उर्दू मिश्रित भाषा बोली जाती है। इसे क्या कहते हैं?

(क) भोजपुरी (ख) संथाली

(ग) बिहारी (घ) मैथिली

776. बिहार की भाषाओं में कौन सी भाषा सबसे उन्नत एवं विकसित है?

(क) भोजपुरी (ख) वज्जिका

(ग) मैथिली (घ) मगधी

777. अंगिका भाषा, जिसे मैथिली की एक उपभाषा माना जाता है, बिहार के किस जिले की मूल भाषा है?

(क) चंपारण (ख) मुजफ्फरपुर

(ग) पटना (घ) भागलपुर

778. बिहार में सर्वाधिक बोली जानेवाली क्षेत्रीय भाषा कौन सी है?

(क) मैथिली (ख) संथाली

(ग) बोडो (घ) भोजपुरी

779. बिहार की बोली को निम्नलिखित में से किस विद्वान् ने सबसे अलग पहचान के लिए 'बिहारी बोली' कहा?

(क) सी. मार्टिन (ख) डॉ. ग्रियर्सन स्मिथ

उत्तर के लिए कृपया पृष्ठ सं. 157 देखें।

(ग) ई. एम. फोर्स्टर (घ) उपर्युक्त में से कोई नहीं

780. बिहार की प्रमुख प्रचलित भाषाओं में कौन सी भाषा शामिल नहीं है?
(क) मगधी (ख) संथाली
(ग) भोजपुरी (घ) अवधी

781. बिहार में बोली जानेवाली किस भाषा को संविधान की आठवीं अनुसूची में (वर्ष 2003 में) शामिल किया गया है?
(क) संथाली (ख) मैथिली
(ग) मगधी (घ) भोजपुरी

782. बिहार के किस जिले की प्रमुख भाषा मैथिली है?
(क) दरभंगा (ख) वैशाली
(ग) रोहतास (घ) गया

783. निम्नलिखित में से बिहार के किन जिलों में मगधी भाषा बोली जाती है?
(क) चंपारण व सीतामढ़ी (ख) पटना व गया
(ग) किशनगंज व पूर्णिया (घ) दरभंगा व भागलपुर

784. बिहार में भोजपुरी भाषा बोलनेवाले प्रमुख जिलों में कौन सा जिला शामिल नहीं है?
(क) सारण (ख) चंपारण
(ग) भोजपुर (घ) पूर्णिया

785. बिहार की किस भाषा को 'भागलपुरी' कहते हैं?
(क) वज्जिका (ख) भोजपुरी
(ग) अंगिका (घ) मगही

786. वज्जिका भाषा, जिसे मैथिली की एक उपभाषा माना जाता है, बिहार के किन जिलों में बोली जाती है?
(क) पूर्वी व पश्चिमी चंपारण (ख) गया व नालंदा
(ग) वैशाली व मुजफ्फरपुर (घ) सिवान व सारण

787. निम्नलिखित में से किस भाषा को डॉ. ग्रियर्सन ने 'छिकाछिकी' नाम दिया था?
(क) वज्जिका (ख) अंगिका
(ग) मगधी (घ) भोजपुरी

□

उत्तर के लिए कृपया पृष्ठ सं. 157 देखें।

16

जन-कल्याण

788. बिहार सरकार राज्य के कमजोर वर्गों के समुचित विकास के लिए अपने किस विभाग के माध्यम से सतत प्रयत्नशील है ?

(क) जनसंपर्क विभाग (ख) कल्याण विभाग

(ग) शिक्षा विभाग (घ) उपर्युक्त में से कोई नहीं

789. बिहार सरकार के कल्याण विभाग के अंतर्गत अनुसूचित जाति, जनजाति एवं अन्य पिछड़े वर्गों को किस प्रकार की योजनाओं द्वारा लाभान्वित किया जाता है ?

(क) आर्थिक उन्नयन (ख) सामाजिक सुरक्षा

(ग) शिक्षा (घ) उपर्युक्त सभी

790. निम्नलिखित में से कौन सी बिहार की सामाजिक सुरक्षा योजना है ?

(क) सामाजिक सुरक्षा पेंशन योजना

(ख) असंगठित मजदूर दुर्घटना अनुदान योजना

(ग) बँधुआ मजदूर पहचान एवं पुनर्वास योजना

(घ) उपर्युक्त सभी

791. कौन सी सामाजिक सुरक्षा योजना पर पूरा व्यय बिहार सरकार करती है ?

(क) बँधुआ मजदूर पहचान कार्यक्रम

(ख) वस्त्र-वितरण योजना

(ग) हथकरघा मजदूर सामूहिक बीमा योजना

(घ) सूखा-पीड़ित क्षेत्र कार्यक्रम

792. निम्नलिखित में से कौन सी कल्याण योजना केंद्र एवं राज्य की पचास-पचास प्रतिशत सहभागिता से चलाई जा रही है ?

उत्तर के लिए कृपया पृष्ठ सं. 157 देखें।

(क) सामाजिक सुरक्षा योजना

(ख) बँधुआ मजदूर पहचान एवं पुनर्वास योजना

(ग) वस्त्र-वितरण योजना

(घ) उपर्युक्त में से कोई नहीं

793. 'हथकरघा मजदूर सामूहिक बीमा योजना' के अंतर्गत कितनी आयुवाले हथकरघा मजदूरों का जीवन बीमा निगम में बीमा कराया जाता है ?

(क) 16 से 55 वर्ष (ख) 21 से 60 वर्ष

(ग) 18 से 60 वर्ष (घ) 21 से 65 वर्ष

794. 'बँधुआ मजदूर पुनर्वास कार्यक्रम' के अंतर्गत प्रत्येक बँधुआ मजदूर की विमुक्ति पर उसके पुनर्वास हेतु राज्य सरकार कितना व्यय करती है ?

(क) 2,500 रुपए (ख) 2,715 रुपए

(ग) 3,125 रुपए (घ) 5,000 रुपए

795. सार्वजनिक वितरण प्रणाली के संबंध में कौन सा वाक्य सही है ?

(क) यह प्रणाली केंद्र एवं राज्य सरकार का एक सामूहिक प्रयास है

(ख) इस प्रणाली का मुख्य उद्देश्य कमजोर वर्ग को संरक्षण प्रदान करना है

(ग) इसके अंतर्गत केंद्रीय अभिकरण की सहायता से आवश्यक खाद्यान्नों का राज्यों को आवंटन किया जाता है

(घ) उपर्युक्त सभी

796. सार्वजनिक वितरण प्रणाली (पी.डी.एस.) का प्रमुख उद्देश्य क्या है ?

(क) कमजोर वर्ग को खाद्य संरक्षण प्रदान करना

(ख) मूल्य तल में स्थिरता बनाए रखना

(ग) कमजोर वर्ग को समर्थन देना

(घ) उपर्युक्त सभी

797. बिहार में गरीबी रेखा से नीचे रहनेवालों की कुल आबादी कितनी है ?

(क) 4.25 करोड़ (ख) 7.25 करोड़

(ग) 3.25 करोड़ (घ) 6.25 करोड़

798. बिहार में गरीबी का मुख्य कारण क्या है ?

(क) भूमि-सुधार का अभाव

(ख) गरीबी-उन्मूलन कार्यक्रम के कार्यान्वयन में भ्रष्टाचार

उत्तर के लिए कृपया पृष्ठ सं. 157 देखें।

(ग) बेरोजगारी

(घ) उपर्युक्त सभी

799. शहरी क्षेत्र में गरीबी रेखा से नीचे किन व्यक्तियों को रखा जाता है?

(क) जो प्रतिदिन 1,200 कैलोरी से कम पोषण तत्त्व ग्रहण करते हैं

(ख) जो प्रतिदिन 2,100 कैलोरी से कम पोषण तत्त्व ग्रहण करते हैं

(ग) जो प्रतिदिन 2,400 कैलोरी से कम पोषण तत्त्व ग्रहण करते हैं

(घ) जो प्रतिदिन 2,700 कैलोरी से कम पोषण तत्त्व ग्रहण करते हैं

800. ग्रामीण क्षेत्र में गरीबी रेखा से नीचे किन व्यक्तियों को माना जाता है?

(क) जो प्रतिदिन 2,100 कैलोरी से कम पोषण तत्त्व ग्रहण करते हैं

(ख) जो प्रतिदिन 2,400 कैलोरी से कम पोषण तत्त्व ग्रहण करते हैं

(ग) जो प्रतिदिन 3,400 कैलोरी से कम पोषण तत्त्व ग्रहण करते हैं

(घ) जो प्रतिदिन 3,700 कैलोरी से कम पोषण तत्त्व ग्रहण करते हैं

801. निम्नलिखित में से किस पंचवर्षीय योजना के अंतर्गत 'काम के बदले अनाज कार्यक्रम' चलाया गया था?

(क) चौथी पंचवर्षीय योजना (ख) पाँचवीं पंचवर्षीय योजना

(ग) सातवीं पंचवर्षीय योजना (घ) आठवीं पंचवर्षीय योजना

802. निम्नलिखित में से कौन सी योजना/कार्यक्रम सर्वप्रथम शुरू किया गया था?

(क) राष्ट्रीय सामाजिक सुरक्षा कार्यक्रम

(ख) जवाहर ग्राम समृद्धि योजना

(ग) वाल्मीकि अंबेडकर आवास योजना

(घ) जयप्रकाश रोजगार गारंटी योजना

803. जयप्रकाश रोजगार गारंटी योजना किस वर्ष प्रारंभ की गई थी?

(क) वर्ष 2000 (ख) वर्ष 2002

(ग) वर्ष 2004 (घ) वर्ष 2006

804. सूखा-पीड़ित क्षेत्र कार्यक्रम (डी.पी.ए.पी.) बिहार के किन जिलों में चलाया जा रहा है?

(क) वैशाली एवं मुंगेर (ख) रोहतास एवं नालंदा

(ग) भागलपुर एवं बाँका (घ) पटना एवं गया

उत्तर के लिए कृपया पृष्ठ सं. 157 देखें।

805. बिहार राज्य में अति निर्धन वर्गों के लिए विश्व बैंक की सहायता से कौन सी परियोजना शुरू की गई है?

(क) जीविका परियोजना (ख) सोन परियोजना

(ग) जागरूकता परियोजना (घ) कोसी परियोजना

☐

उत्तर के लिए कृपया पृष्ठ सं. 157 देखें।

17

पर्यावरण-प्रदूषण एवं स्वास्थ्य

806. बिहार राज्य में पर्यावरण के प्रति उदासीनता का प्रमुख कारण कौन सा है?
(क) शिक्षा एवं जागरूकता का अभाव
(ख) गरीबी
(ग) अत्यधिक जनसंख्या
(घ) उपर्युक्त में से कोई नहीं

807. बिहार के किस हिस्से में बाढ़ एक मौसमी विपदा है?
(क) उत्तरी बिहार (ख) पूर्वी बिहार
(ग) पश्चिमी बिहार (घ) दक्षिणी बिहार

808. उत्तरी बिहार के क्षेत्र में बाढ़ के प्रकोप को कम कैसे किया जा सकता है?
(क) मरणोपरांत जानवरों को नदियों में फेंकने से रोककर
(ख) औद्योगिक अपशिष्ट अवशेष जल का नदियों में प्रवाह रोककर
(ग) नेपाल की नदियों का सही जल-प्रबंधन करके
(घ) उपर्युक्त में से कोई नहीं

809. उत्तरी बिहार की कौन सी नदी सर्वाधिक प्रदूषित नदी है?
(क) पुनपुन (ख) सोन
(ग) गंगा (घ) कोसी

810. बिहार में नदियों के प्रदूषण का मुख्य कारण निम्नलिखित में से कौन सा है?
(क) औद्योगिक अपशिष्ट जल को नदियों में प्रवाहित करना
(ख) नदियों के किनारे स्थित बड़े शहरों के मैले जल का सीधे नदियों में प्रवाह

उत्तर के लिए कृपया पृष्ठ सं. 157 देखें।

(ग) नदियों के तट पर पशुओं को नहलाना

(घ) उपर्युक्त सभी

811. 'केंद्रीय प्रदूषण नियंत्रण बोर्ड' द्वारा गंगा को प्रदूषण से मुक्त करने के लिए किसका गठन किया गया था?

(क) बिहार राज्य प्रदूषण निवारण परिषद्

(ख) गंगा कार्य योजना

(ग) गंगा प्रदूषण नियोजन आयोग

(घ) उपर्युक्त सभी

812. 'गंगा कार्य योजना' को कब प्रारंभ किया गया था?

(क) 14 जून, 1980 (ख) 14 जून, 1986

(ग) 14 जुलाई, 1988 (घ) 14 जुलाई, 1992

813. बिहार में गंगा कार्य योजना के तहत चलाए जा रहे प्रमुख कार्यक्रमों में कौन सी परियोजनाएँ सम्मिलित हैं?

(क) अल्प लागत स्वच्छता स्कीम (ख) विद्युत् शवदाह गृह

(ग) सीवेज उपचार संयंत्र (घ) उपर्युक्त सभी

814. बिहार में गंगा कार्य योजना का दूसरा चरण कब प्रारंभ किया गया था?

(क) फरवरी 1991 (ख) फरवरी 1994

(ग) मार्च 1996 (घ) मार्च 1998

815. निम्नलिखित में से किस अधिनियम के अंतर्गत 'बिहार राज्य प्रदूषण निवारण परिषद्' का गठन किया गया था?

(क) पर्यावरण (संरक्षण) अधिनियम, 1986

(ख) जल उपकार अधिनियम, 1977

(ग) जल (प्रदूषण निवारण एवं नियंत्रण) अधिनियम, 1974

(घ) वायु प्रदूषण निवारण एवं नियंत्रण अधिनियम, 1981

816. 'बिहार राज्य प्रदूषण निवारण परिषद्' का गठन किस वर्ष किया गया था?

(क) 1974 (ख) 1976

(ग) 1981 (घ) 1986

817. निम्नलिखित में से किस अधिनियम के प्रावधानों के अंतर्गत प्रदूषण निवारण एवं नियंत्रण के लिए 'बिहार राज्य प्रदूषण निवारण परिषद्' एक स्वायत्त संस्था है?

उत्तर के लिए कृपया पृष्ठ सं. 157 देखें।

(क) जल (प्रदूषण निवारण एवं नियंत्रण) अधिनियम
(ख) जल उपकर अधिनियम
(ग) वायु प्रदूषण निवारण एवं नियंत्रण अधिनियम
(घ) उपर्युक्त सभी

818. 'बिहार राज्य प्रदूषण निवारण परिषद्' किस अधिनियम के अंतर्गत नदियों में प्रदूषित जल निर्धारित सीमा से अधिक होने पर कार्रवाई कर सकती है?
(क) हैजर्डेस वेस्ट (मैनजेंट एवं हैंडलिंग) नियम
(ख) पर्यावरण (संरक्षण) अधिनियम
(ग) जल प्रदूषण (निवारण एवं नियंत्रण) अधिनियम
(घ) वायु प्रदूषण निवारण एवं नियंत्रण अधिनियम

819. केंद्र सरकार ने वायु प्रदूषण निवारण एवं नियंत्रण अधिनियम के तहत चलंत चिमनियों को स्थायी चिमनी में बदलने का आदेश कब दिया था?
(क) दिसंबर 2001　(ख) दिसंबर 2002
(ग) सितंबर 2003　(घ) दिसंबर 2004

820. बिहार राज्य में स्वास्थ्य सेवाओं का सर्वोच्च केंद्र कौन सा है?
(क) पी.एम.सी.एच.
(ख) स्वास्थ्य उपकेंद्र (एच.एस.सी.)
(ग) प्राथमिक स्वास्थ्य केंद्र (पी.एच.सी.)
(घ) उपर्युक्त सभी

821. बिहार में 'इंदिरा गांधी आयुर्विज्ञान केंद्र' कहाँ स्थित है?
(क) दरभंगा　(ख) मुजफ्फरपुर
(ग) पटना　(घ) भागलपुर

822. राष्ट्रीय स्वास्थ्य नीति के अनुसार बिहार राज्य में ग्रामीण आबादी को स्वास्थ्य सुविधा उपलब्ध कराने के लिए कितने स्तरीय स्वास्थ्य केंद्र की स्थापना की गई है?
(क) एक स्तरीय　(ख) दो स्तरीय
(ग) त्रिस्तरीय　(घ) उपर्युक्त कोई नहीं

823. बिहार में स्वास्थ्य सेवाओं के सबसे निचले स्तर पर 5,000 की जनसंख्या को चिकित्सा सुविधा उपलब्ध कराने के लिए किसकी स्थापना की गई है?

उत्तर के लिए कृपया पृष्ठ सं. 157-158 देखें।

(क) स्वास्थ्य उपकेंद्र (ख) प्राथमिक स्वास्थ्य केंद्र
(ग) पी.एम.सी.एच. (घ) उपर्युक्त में से कोई नहीं

824. बिहार में 'स्वास्थ्य उपकेंद्रों' की कुल संख्या कितनी है ?
(क) 10 हजार 332 (ख) 16 हजार 316
(ग) 12 हजार 361 (घ) 21 हजार 318

825. बिहार राज्य में प्रति 30 हजार की आबादी पर किस प्रकार के स्वास्थ्य केंद्र की स्थापना की जाती है ?
(क) स्वास्थ्य उपकेंद्र (ख) प्राथमिक स्वास्थ्य केंद्र
(ग) पी.एम.सी.एच. (घ) उपर्युक्त में से कोई नहीं

826. बिहार राज्य में कितनी आबादी पर एक रेफरल अस्पताल की स्थापना की जाती है ?
(क) 1 लाख 20 हजार (ख) 2 लाख 70 हजार
(ग) 1 लाख 80 हजार (घ) 2 लाख 90 हजार

827. बिहार में वर्तमान में 'प्राथमिक स्वास्थ्य केंद्रों' की कुल संख्या कितनी है ?
(क) 1,080 (ख) 1,247
(ग) 1,847 (घ) 2,067

828. वर्ष 2001 की जनगणना के अनुसार बिहार में कितने रेफरल अस्पतालों की जरूरत है ?
(क) 518 (ख) 588
(ग) 618 (घ) 712

829. बिहार में वर्तमान में रेफरल अस्पतालों की कुल संख्या कितनी है ?
(क) 306 (ख) 356
(ग) 386 (घ) 396

830. वर्ष 2001 की जनगणना के अनुसार बिहार में कुल कितने 'स्वास्थ्य उपकेंद्रों' की आवश्यकता है ?
(क) 4,200 (ख) 4,500
(ग) 4,800 (घ) 5,900

831. आर.सी.एच. कार्यक्रम का मुख्य उद्देश्य क्या है ?
(क) मातृ-स्वास्थ्य तथा शिशु-उत्तरजीविता में सुधार लाना
(ख) ग्रामीण क्षेत्रों में शुद्ध पेयजल उपलब्ध कराना

उत्तर के लिए कृपया पृष्ठ सं. 158 देखें।

(ग) मलेरिया का नियंत्रण करना

(घ) उपर्युक्त सभी

832. बिहार राज्य की स्वास्थ्य नीति के अनुसार प्रत्येक जिले के सदर अस्पतालों में कम-से-कम कितने 'ब्लड बैंक' होने चाहिए?

(क) 1 (ख) 2

(ग) 3 (घ) 4

833. बिहार राज्य में वर्तमान में कुल 'ब्लड बैंक' की संख्या कितनी है?

(क) 26 (ख) 29

(ग) 38 (घ) 44

834. बिहार में कुल कितने मेडिकल कॉलेज हैं?

(क) 7 (ख) 8

(ग) 11 (घ) 12

835. नई राष्ट्रीय स्वास्थ्य नीति की विशेषताएँ कौन सी हैं?

(क) चिकित्सा अनुसंधान आयोग की स्थापना

(ख) नई औषधियों के विकास के लिए निजी अनुसंधान से प्रोत्साहन

(ग) भारतीय चिकित्सा पद्धति के लिए पृथक् राष्ट्रीय नीति

(घ) उपर्युक्त सभी

836. बिहार राज्य में एड्स नियंत्रण कार्यक्रम के अंतर्गत किन जिलों के सदर अस्पतालों में नए रक्त अधिकोष स्थापित किए गए हैं?

(क) नालंदा, कटिहार, वैशाली (ख) पटना, गया, किशनगंज

(ग) भागलपुर, बाँका, पूर्णिया (घ) चंपारण, सासाराम, सीतामढ़ी

837. भारत सरकार के ग्रामीण जलापूर्ति एवं स्वच्छता कार्यक्रम की पायलट परियोजना के प्रथम चरण में सर्वेक्षण का कार्य सर्वप्रथम बिहार के किस जिले में आरंभ किया गया था?

(क) किशनगंज (ख) वैशाली

(ग) सासाराम (घ) पूर्णिया

□

उत्तर के लिए कृपया पृष्ठ सं. 158 देखें।

18

पुरस्कार एवं सम्मान

838. बिहार का सर्वोच्च साहित्यिक पुरस्कार कौन सा है ?
(क) भिखारी ठाकुर पुरस्कार (ख) फणीश्वरनाथ 'रेणु' पुरस्कार
(ग) महादेवी पुरस्कार (घ) राजेंद्र सम्मान

839. निम्नलिखित में से कौन सा पुरस्कार बिहार राजभाषा विभाग द्वारा प्रदत्त पुरस्कारों में शामिल नहीं है ?
(क) चाणक्य पुरस्कार
(ख) डॉ. सच्चिदानंद सिन्हा पुरस्कार
(ग) शिवपूजन सहाय पुरस्कार
(घ) माखनलाल चतुर्वेदी पुरस्कार

840. बिहार राजभाषा विभाग द्वारा दिया जानेवाला 'आर्यभट पुरस्कार' किस क्षेत्र में दिया जाता है ?
(क) धर्म एवं दर्शन (ख) विधि साहित्य
(ग) विज्ञान (घ) इतिहास एवं संस्कृति

841. बिहार राजभाषा विभाग द्वारा दिया जानेवाला 'गोरखनाथ सिंह पुरस्कार' निम्नलिखित में से किस क्षेत्र में दिया जाता है ?
(क) अर्थशास्त्र (ख) काव्य
(ग) उपन्यास एवं कहानी (घ) नवगीत

842. कौन सा पुरस्कार बिहार राजभाषा विभाग द्वारा प्रदत्त पुरस्कार में शामिल नहीं है ?
(क) काशी प्रसाद जायसवाल पुरस्कार
(ख) राजा राधिकारमण प्रसाद सिंह पुरस्कार

उत्तर के लिए कृपया पृष्ठ सं. 158 देखें।

(ग) रामवृक्ष बेनीपुरी पुरस्कार
(घ) महात्मा गांधी सम्मान

843. बिहार राजभाषा विभाग द्वारा दिया जानेवाला 'फणीश्वरनाथ रेणु पुरस्कार' किस क्षेत्र में दिया जाता है?
(क) आंचलिक कथा कृति (ख) हिंदी भाषा एवं लिपि
(ग) उपन्यास एवं कहानी (घ) हिंदी में रचित लोक-साहित्य

844. बिहार राजभाषा विभाग द्वारा दिया जानेवाला कौन सा पुरस्कार 'इतिहास एवं संस्कृति' के क्षेत्र में दिया जाता है?
(क) विद्यापति पुरस्कार
(ख) अयोध्या प्रसाद खत्री पुरस्कार
(ग) काशी प्रसाद जायसवाल पुरस्कार
(घ) चाणक्य पुरस्कार

845. बिहार का 'चाणक्य पुरस्कार' निम्नलिखित में से किस विषय-क्षेत्र में दिया जाता है?
(क) हिंदी भाषा एवं लिपि (ख) इतिहास एवं संस्कृति
(ग) राजनीति-शास्त्र (घ) विधि साहित्य

846. बिहार राजभाषा विभाग द्वारा दिया जानेवाला कौन सा पुरस्कार 'बाल साहित्य' विषय-क्षेत्र में दिया जाता है?
(क) डॉ. सच्चिदानंद सिन्हा पुरस्कार
(ख) अमरनाथ झा पुरस्कार
(ग) केदारनाथ मिश्र 'प्रभात' पुरस्कार
(घ) अयोध्या प्रसाद खत्री पुरस्कार

847. बिहार राजभाषा विभाग द्वारा दिया जानेवाला 'मंडन मिश्र पुरस्कार' किस क्षेत्र में दिया जाता है?
(क) धर्म एवं दर्शन (ख) बाल-साहित्य
(ग) कला एवं शिल्प (घ) उपन्यास एवं कहानी

848. बिहार राजभाषा विभाग द्वारा प्रदत्त पुरस्कारों में कौन सा पुरस्कार सम्मिलित है?
(क) गोपाल सिंह नेपाली पुरस्कार
(ख) नलिन विलोचन शर्मा पुरस्कार

उत्तर के लिए कृपया पृष्ठ सं. 158 देखें।

(ग) उपेंद्र महारथी पुरस्कार
(घ) उपर्युक्त सभी

849. बिहार राजभाषा विभाग द्वारा 'ग्रंथ पुरस्कार योजना' के तहत कौन सा पुरस्कार दिया जाता है?
(क) भिखारी ठाकुर पुरस्कार (ख) विद्याकर कवि पुरस्कार
(ग) डॉ. ग्रियर्सन पुरस्कार (घ) उपर्युक्त सभी

850. 'ग्रंथ पुरस्कार योजना' के तहत दिया जानेवाला 'भिखारी ठाकुर पुरस्कार' निम्नलिखित में से किस क्षेत्र में दिया जाता है?
(क) लघु कथाओं पर
(ख) भोजपुरी भाषा में लिखित पुस्तकों पर
(ग) बिहार की लोक भाषाओं में लिखित पुस्तकों पर
(घ) उपर्युक्त में से कोई नहीं

851. बिहार की भूमि, भाषा, साहित्य, कला एवं जनजीवन के क्षेत्र में बिहार राजभाषा विभाग द्वारा 'ग्रंथ पुरस्कार योजना' के तहत कौन सा पुरस्कार दिया जाता है?
(क) डॉ. फादर कामिल बुल्के पुरस्कार
(ख) डॉ. ग्रियर्सन पुरस्कार
(ग) बिहार विषयक ग्रंथ पुरस्कार
(घ) विद्याकर कवि पुरस्कार

852. निम्नलिखित में से कौन सा पुरस्कार बिहार राजभाषा विभाग द्वारा 'ग्रंथ पुरस्कार योजना' के तहत नहीं दिया जाता है?
(क) अखिल भारतीय ग्रंथ पुरस्कार
(ख) दुष्यंत कुमार पुरस्कार
(ग) लघुकथा पुरस्कार
(घ) डॉ. फादर कामिल बुल्के पुरस्कार

853. बिहार राजभाषा विभाग द्वारा 'ग्रंथ पुरस्कार योजना' के तहत दिए जानेवाले कुल कितने पुरस्कार हैं?
(क) 4 (ख) 7
(ग) 10 (घ) 11

854. बिहार राजभाषा विभाग द्वारा 'ग्रंथ पुरस्कार योजना' के तहत दिया जानेवाला 'डॉ. ग्रियर्सन पुरस्कार' किस क्षेत्र में दिया जाता है?

उत्तर के लिए कृपया पृष्ठ सं. 158 देखें।

(क) बिहार की लोक भाषाओं (मैथिली व मगधी) में लिखित पुस्तकों पर
(ख) लघुकथाओं पर
(ग) भोजपुरी भाषा में लिखित पुस्तकों पर
(घ) राजभाषा के रूप में हिंदी के विभिन्न पहलुओं पर लिखित पुस्तकों पर

855. बिहार सरकार ने ललित कलाओं तथा भाषायी क्षेत्र में उत्कृष्ट योगदान प्रदान करनेवाले विशिष्ट कलाकारों एवं साहित्यकारों को पुरस्कृत व सम्मानित करने हेतु कितनी अकादमियों की स्थापना की है ?
(क) सात (ख) ग्यारह
(ग) पंद्रह (घ) बीस

856. बिहार में निम्नलिखित में से किस ग्रंथ अकादमी की स्थापना नहीं की गई है?
(क) दक्षिण भारतीय भाषा अकादमी (ख) भोजपुरी अकादमी
(ग) मैथिली अकादमी (घ) पंजाबी अकादमी

857. बिहार के निम्नलिखित में से किस साहित्यकार को हिंदी भाषा के लिए 'ज्ञानपीठ पुरस्कार' मिला है ?
(क) फणीश्वरनाथ 'रेणु' (ख) रामधारी सिंह 'दिनकर'
(ग) शिवपूजन सहाय (घ) नागार्जुन

858. बिहार के साहित्यकार रामधारी सिंह 'दिनकर' को उनकी 'उर्वशी' रचना पर किस वर्ष 'ज्ञानपीठ पुरस्कार' मिला था ?
(क) 1972 (ख) 1982
(ग) 1992 (घ) 1999

859. बिहार से संबंधित निम्नलिखित में से किस व्यक्ति को 'भारत-रत्न' से सम्मानित किया जा चुका है ?
(क) डॉ. जाकिर हुसैन (ख) डॉ. राजेंद्र प्रसाद
(ग) लोकनायक जयप्रकाश नारायण (घ) उपर्युक्त सभी

860. बिहार से संबंधित किस व्यक्ति को 'भारत-रत्न' से सम्मानित नहीं किया गया है ?
(क) जे.आर.डी.टाटा
(ख) मौलाना अबुल कलाम आजाद
(ग) जगजीवन राम
(घ) उस्ताद बिस्मिल्ला खाँ

उत्तर के लिए कृपया पृष्ठ सं. 158 देखें।

861. बिहार से संबंधित कुल कितने व्यक्तियों को अभी तक भारत-रत्न से सम्मानित किया जा चुका है ?

(क) 5 (ख) 6

(ग) 7 (घ) 8

862. बिहार के निम्नलिखित में से किस व्यक्ति को सर्वप्रथम 'भारत-रत्न' से सम्मानित किया गया था ?

(क) डॉ. जाकिर हुसैन

(ख) डॉ. राजेंद्र प्रसाद

(ग) लोकनायक जयप्रकाश नारायण

(घ) मौलाना अबुल कलाम आजाद

863. बिहार के डॉ. राजेंद्र प्रसाद को 'भारत-रत्न' से किस वर्ष सम्मानित किया गया था ?

(क) वर्ष 1960 (ख) वर्ष 1962

(ग) वर्ष 1972 (घ) वर्ष 1992

864. बिहार के निम्नलिखित में से किस व्यक्ति को वर्ष 1992 में 'भारत-रत्न' से सम्मानित किया गया था ?

(क) डॉ. जाकिर हुसैन (ख) जे.आर.डी. टाटा

(ग) जयप्रकाश नारायण (घ) उस्ताद बिस्मिल्ला खाँ

865. लोकनायक जयप्रकाश नारायण को निम्नलिखित में से किस वर्ष 'भारत-रत्न' से सम्मानित किया गया था ?

(क) वर्ष 1992 (ख) वर्ष 1996

(ग) वर्ष 1999 (घ) वर्ष 2001

866. बिहार के निम्नलिखित में से किस व्यक्ति को वर्ष 2001 में 'भारत-रत्न' से सम्मानित किया गया ?

(क) मौलाना अबुल कलाम (ख) उस्ताद बिस्मिल्ला खाँ

(ग) जगजीवन राम (घ) उपर्युक्त में से कोई नहीं

867. बिहार से संबंधित निम्नलिखित में से किस व्यक्ति को सर्वप्रथम 'अशोक चक्र' से सम्मानित किया गया था ?

(क) रणधीर वर्मा (ख) नलिन विलोचन शर्मा

(ग) जगन्नाथ कौशल (घ) उपर्युक्त में से कोई नहीं

उत्तर के लिए कृपया पृष्ठ सं. 158 देखें।

868. निम्नलिखित में से किस साहित्यकार को 'साहित्य अकादमी' द्वारा पुरस्कृत किया जा चुका है ?

(क) उपेंद्र झा व्यास (ख) नागार्जुन

(ग) मधुप (घ) उपर्युक्त सभी

□

उत्तर के लिए कृपया पृष्ठ सं. 158 देखें।

19

खेलकूद

869. 'बिहार राज्य खेल परिषद्' का गठन किस वर्ष हुआ था?

(क) 1951　　(ख) 1961

(ग) 1971　　(घ) 1986

870. 'बिहार राज्य खेल परिषद्' को विघटित कर 'बिहार राज्य खेल प्राधिकरण' (बिहार स्टेट स्पोर्ट्स अथॉरिटी) का गठन किस वर्ष किया गया था?

(क) 1976　　(ख) 1986

(ग) 1994　　(घ) 1996

871. 'बिहार राज्य खेल प्राधिकरण' का मुख्य उद्देश्य क्या है?

(क) प्रखंड स्तर से राज्य स्तर तक की खेल प्रतियोगिताओं के आयोजन द्वारा प्रतिभावान् खिलाड़ियों की खोज करना

(ख) खिलाड़ियों को खेल प्रशिक्षण देना

(ग) राज्य तथा देश की खेल प्रतियोगिताओं में भागीदारी करना

(घ) उपर्युक्त सभी

872. 'बिहार राज्य खेल प्राधिकरण' द्वारा राज्य में कितने 'खेल विकास केंद्र' चलाए जा रहे हैं?

(क) चार　　(ख) पाँच

(ग) सात　　(घ) आठ

873. निम्नलिखित में से बिहार के किस खेल संघ की स्थापना सबसे पहले हुई थी?

(क) बिहार हॉकी संघ　　(ख) बिहार क्रिकेट संघ

(ग) बिहार फुटबॉल संघ　　(घ) बिहार टेनिस संघ

उत्तर के लिए कृपया पृष्ठ सं. 158 देखें।

874. 'बिहार राज्य क्रिकेट संघ' का गठन किस वर्ष हुआ था?

(क) 1937 (ख) 1948

(ग) 1954 (घ) 1986

875. 'बिहार हॉकी संघ' के संबंध में निम्नलिखित में से कौन सा वाक्य सही है?

(क) 'बिहार हॉकी संघ' का गठन वर्ष 1986 में हुआ था

(ख) इस संघ के गठन से पूर्व बिहार में हॉकी खेल का कार्य 'बिहार ओलंपिक संघ' देखा करता था

(ग) 'बिहार हॉकी संघ' केवल पुरुषों की हॉकी का कार्य देखता है

(घ) उपर्युक्त सभी

876. बिहार में खेलों की शीर्ष संस्था कौन सी है?

(क) बिहार क्रिकेट संघ

(ख) बिहार ओलंपिक संघ

(ग) बिहार फुटबॉल संघ

(घ) बिहार एमेच्योर एथलेटिक संघ

877. 'बिहार राज्य फुटबॉल संघ' का गठन किस वर्ष हुआ था?

(क) 1976 (ख) 1986

(ग) 1988 (घ) 1996

878. बिहार का निम्नलिखित में से कौन सा खेल संघ वर्ष 1937 में गठित हुआ था?

(क) बिहार राज्य फुटबॉल संघ (ख) बिहार राज्य शतरंज संघ

(ग) बिहार राज्य टेबल टेनिस संघ (घ) बिहार राज्य तैराकी संघ

879. बिहार में फुटबॉल की शुरुआत वर्ष 1897 में किस शील्ड से हुई?

(क) रिपब्लिक शील्ड (ख) अनुग्रह नारायण शील्ड

(ग) इंग्लिश शील्ड (घ) रवि मेहता शील्ड

880. 'इंग्लिश शील्ड' बिहार के किस खेल संघ (एसोसिएशन) से संबंधित थी?

(क) पटना एथलेटिक संघ (ख) बिहार ओलंपिक संघ

(ग) बिहार फुटबॉल संघ (घ) उपर्युक्त में से कोई नहीं

881. बिहार के कौन से फुटबॉल खिलाड़ी हुए, जिन्होंने वर्ष 1971 में भारत की फुटबॉल टीम की कप्तानी की और 1971 में ही उन्हें 'अर्जुन पुरस्कार'

उत्तर के लिए कृपया पृष्ठ सं. 158 देखें।

मिला था ?

(क) अब्दुल समद (ख) चंद्रशेखर प्रसाद

(ग) अशोक बनर्जी (घ) अरुण झा

882. बिहार में पटना में किस वर्ष एशियाई स्कूल स्तर की फुटबॉल प्रतियोगिता का आयोजन हुआ था ?

(क) 1987 (ख) 1991

(ग) 1993 (घ) 1997

883. वर्ष 1996 में विश्व कप शृंखला में जिंबाब्वे-कीनिया के बीच खेले गए मैच का आयोजन पटना स्थित क़िस स्टेडियम में हुआ था ?

(क) संजय गांधी मिनी स्टेडियम (ख) मोइनुल हक स्टेडियम

(ग) मिथिलेश स्टेडियम (घ) सचिवालय इनडोर स्टेडियम

884. पटना का निम्नलिखित में से कौन सा स्टेडियम सबसे बड़ा है ?

(क) मोइनुल हक स्टेडियम

(ख) मिथिलेश स्टेडियम

(ग) डाक-तार मनोरंजन एवं इनडोर स्टेडियम

(घ) संजय गांधी मिनी स्टेडियम

885. बिहार में सन् 1912 में लॉन टेनिस की शुरुआत कहाँ हुई ?

(क) पटना (ख) मुजफ्फरपुर

(ग) मुंगेर (घ) चंपारण

886. बिहार के किस स्टेडियम में प्रति वर्ष मध्य कमान हॉकी प्रतियोगिता आयोजित होती है ?

(क) कलिंग स्टेडियम (ख) सुब्रमण्यम स्टेडियम

(ग) इंदिरा गांधी स्टेडियम (घ) हाजीपुर स्टेडियम

887. बिहार में हॉकी की शुरुआत किस वर्ष हुई थी ?

(क) 1900 (ख) 1904

(ग) 1908 (घ) 1916

888. वीर कुँअर सिंह स्टेडियम बिहार में किस स्थान पर स्थित है ?

(क) खगौल (ख) आरा

(ग) हाजीपुर (घ) पूर्णिया

889. बिहार के प्रमुख स्टेडियम एवं उनके स्थानों के जोड़ों में कौन सा जोड़ा

उत्तर के लिए कृपया पृष्ठ सं. 158-159 देखें।

गलत है?

	स्टेडियम		स्थान
(क)	खुदीराम बोस स्टेडियम	-	मुजफ्फरपुर
(ख)	जगजीवन राम स्टेडियम	-	खगौल
(ग)	इंदिरा गांधी स्टेडियम	-	मुंगेर
(घ)	राजेंद्र स्टेडियम	-	छपरा

890. बिहार की कौन सी ट्रॉफी क्रिकेट से संबंधित है?

(क) हेमंत ट्रॉफी (ख) रवि मेहता ट्रॉफी

(ग) मोइनुल हक ट्रॉफी (घ) उपर्युक्त में से कोई नहीं

891. बिहार का फुटबॉल से संबंधित कप कौन सा है?

(क) प्रेसीडेंट कप (ख) जयपाल सिंह कप

(ग) कजंस कप (घ) उपर्युक्त सभी

892. बिहार में वर्तमान समय तक कुल कितनी जिला स्तरीय खेलकूद संस्थाएँ 'बिहार ओलंपिक संघ' से संबंधित हैं?

(क) 17 (ख) 21

(ग) 29 (घ) 44

893. 'कजंस कप' किस खेल से संबंधित है?

(क) हॉकी (ख) वॉलीबॉल

(ग) क्रिकेट (घ) टेनिस

894. बिहार का कौन सा क्षेत्रीय स्तर पर खेला जानेवाला खेल कबड्डी से मिलता-जुलता एक खेल है?

(क) चीका (ख) पिट्टो

(ग) डेगा पानी (घ) आइस-बाइस

895. बिहार में क्षेत्रीय स्तर पर खेला जानेवाला खेल कौन सा है?

(क) आइस-बाइस (ख) डेगा पानी

(ग) चीका (घ) उपर्युक्त सभी

896. बिहार के राष्ट्रीय स्तर के फुटबॉल रेफरी कौन रह चुके हैं?

(क) देवेंद्र यादव (ख) ताहिर हुसैन

(ग) श्याम सुंदर (घ) रवि रंजन

897. निम्नलिखित में से कौन बिहार के राष्ट्रीय स्तर के क्रिकेट अंपायर रह चुके

उत्तर के लिए कृपया पृष्ठ सं. 159 देखें।

हैं ?

(क) के.बी. राव (ख) सलिल दास

(ग) एस.वी. रमणी (घ) उपर्युक्त सभी

898. निम्नलिखित में से कौन से खिलाड़ी राष्ट्रीय स्तर के स्पोर्ट्स कमेंटेटर रहे हैं ?

(क) समीर सेनगुप्ता (ख) डॉ. प्रेम कुमार

(ग) एल. पी. वर्मा (घ) उपर्युक्त सभी

899. 'बिहार राज्य खेल प्राधिकरण' के माध्यम से कौन सी खेल प्रतियोगिताएँ प्रखंड से लेकर राज्य स्तर पर आयोजित की जाती हैं ?

(क) ध्यानचंद हॉकी प्रतियोगिता

(ख) विद्यालय खेल प्रतियोगिता

(ग) सुब्रतो कप फुटबॉल प्रतियोगिता

(घ) उपर्युक्त सभी

900. बिहार में 'महिला खेल महोत्सव' का आयोजन किसके द्वारा किया जाता है ?

(क) युवा कार्य एवं खेल निदेशालय

(ख) बिहार राज्य खेल प्राधिकरण

(ग) बिहार राज्य महिला हॉकी संघ

(घ) उपर्युक्त में से कोई नहीं

□

उत्तर के लिए कृपया पृष्ठ सं. 159 देखें।

20

विविध

901. बिहार के कौन से नेता 'मंडल आयोग' के अध्यक्ष थे?

(क) सूरज मंडल (ख) बिंदेश्वरी प्रसाद मंडल

(ग) सुंदर सिंह भंडारी (घ) बिंदेश्वरी दुबे

902. बिहार के किस नेता को संविधान सभा का अस्थायी अध्यक्ष बनाया गया था?

(क) सच्चिदानंद सिन्हा (ख) सत्येंद्र प्रसाद सिन्हा

(ग) श्रीकृष्ण सिंह (घ) डॉ. राजेंद्र प्रसाद

903. बिहार की किस महान् विभूति का उपनाम 'अजातशत्रु' है?

(क) जगजीवन राम (ख) डॉ. राजेंद्र प्रसाद

(ग) जयप्रकाश नारायण (घ) श्रीकृष्ण सिंह

904. बिहार के प्रथम शिक्षामंत्री कौन थे?

(क) डॉ. जाकिर हुसैन (ख) रामदयालु सिंह

(ग) सर गणेश दत्त (घ) जयराम दास दौलतराम

905. राबड़ी देवी पहली बार बिहार की मुख्यमंत्री कब बनी थीं?

(क) 25 जनवरी, 1995 (ख) 25 जुलाई, 1996

(ग) 25 जनवरी, 1997 (घ) 25 जुलाई, 1997

906. निम्नलिखित में से कौन सा अनुसंधान संस्थान पटना में स्थित नहीं है?

(क) बिहार शोध संस्थान

(ख) चावल विकास एवं शोध संस्थान

(ग) डॉ. ए. एन. सिन्हा शोध संस्थान

(घ) के. पी. जायसवाल शोध संस्थान

उत्तर के लिए कृपया पृष्ठ सं. 159 देखें।

907. बिहार के किस स्थान पर 'डॉ. राजेंद्र प्रसाद मेमोरियल रिसर्च इंस्टीट्यूट' स्थित है?

(क) बेतिया (प. चंपारण) (ख) आरा (भोजपुर)

(ग) अगमकुआँ (पटना) (घ) पूसा (समस्तीपुर)

908. बिहार में 'वेटरनिटी साइंस एंड एनीमल हस्बैंड्री महाविद्यालय' कहाँ है?

(क) पटना (ख) भागलपुर

(ग) आरा (घ) मुजफ्फरपुर

909. निम्नलिखित में से कौन सा आयुर्वेदिक कॉलेज बिहार के भागलपुर में स्थित है?

(क) शिवकुमारी आयुर्वेदिक कॉलेज

(ख) अष्टांग आयुर्वेदिक कॉलेज

(ग) तिब्बती कॉलेज

(घ) महारानी रामेश्वरी कॉलेज

910. सार्वजनिक क्षेत्र के भारत संचार निगम लि. की मोबाइल सेवा वाला भारत का पहला राज्य कौन सा है?

(क) छत्तीसगढ़ (ख) झारखंड

(ग) बिहार (घ) उड़ीसा

911. बिहार में निम्नलिखित में से किस वर्ष भीषण भूकंप आया था, जिसमें जन-धन की अपार क्षति हुई थी?

(क) 1927 (ख) 1931

(ग) 1934 (घ) 1937

912. बिहार के किस राजनीतिज्ञ की जन्म-शताब्दी वर्ष 2001-02 में मनाई गई थी?

(क) श्रीकृष्ण सिंह (ख) डॉ. राजेंद्र प्रसाद

(ग) जगजीवन राम (घ) जयप्रकाश नारायण

913. डॉ. जाकिर हुसैन बिहार के राज्यपाल कब रहे थे?

(क) 15 जून, 1952 से 5 जुलाई, 1957

(ख) 6 जुलाई, 1957 से 11 मई, 1962

(ग) 12 मई, 1962 से 6 दिसंबर, 1967

(घ) 7 दिसंबर, 1967 से 11 अप्रैल, 1969

उत्तर के लिए कृपया पृष्ठ सं. 159 देखें।

914. बिहार की महान् विभूति 'जगजीवन राम' का चर्चित उपनाम क्या है ?

(क) बाबा (ख) बाबूजी

(ग) बाबू (घ) बड़े साहब

915. जगजीवन राम भारत के उपप्रधानमंत्री कब बने थे ?

(क) वर्ष 1967 (ख) वर्ष 1977

(ग) वर्ष 1984 (घ) वर्ष 1989

916. किस महान् विभूति का चर्चित उपनाम 'जे.पी.' है ?

(क) डॉ. राजेंद्र प्रसाद (ख) जयप्रकाश नारायण

(ग) जगजीवन राम (घ) श्रीकृष्ण सिंह

917. बिहार के किस स्थान पर जगजीवन राम का जन्म हुआ था ?

(क) जगदीशपुर (भोजपुर) (ख) चंद्रवा (भोजपुर)

(ग) जीरादेई (सिवान) (घ) हाजीपुर (वैशाली)

918. बिहार में निम्नलिखित में से किस महान् व्यक्तित्व का जन्म नहीं हुआ था ?

(क) जगजीवन राम (ख) जयप्रकाश नारायण

(ग) आर्यभट (घ) वी.पी. सिंह

919. सन् 1929 में 'बिहार किसान सभा' की स्थापना किसने की थी ?

(क) राजकिशोर शुक्ल (ख) जयप्रकाश नारायण

(ग) स्वामी सहजानंद सरस्वती (घ) एन.जी. रंगा

920. बिहार सरकार द्वारा प्रत्येक वर्ष 23 अप्रैल को किस वीर अमर सपूत को श्रद्धांजलि व्यक्त करने के लिए 'विजय दिवस' के रूप में मनाया जाता है ?

(क) कुँअर सिंह (ख) जयप्रकाश नारायण

(ग) शेरशाह सूरी (घ) डॉ. सैयद महसूद

921. बिहार के किस स्वतंत्रता सेनानी के नाम पर सोन नदी पर आरा जिले के नजदीक 'कोइलवर पुल' का नामकरण 'बारी पुल' किया गया है ?

(क) अबुल कलाम आजाद (ख) श्रीकृष्ण सिंह

(ग) अब्दुल बारी (घ) डॉ. राजेंद्र प्रसाद

922. स्वतंत्र भारत के प्रथम राष्ट्रपति डॉ. राजेंद्र प्रसाद का जन्म बिहार में किस स्थान पर हुआ था ?

(क) पटना (ख) सारण

(ग) सिवान (घ) मुजफ्फरपुर

उत्तर के लिए कृपया पृष्ठ सं. 159 देखें।

923. जयप्रकाश नारायण का जन्म बिहार के किस जिले में हुआ था?
(क) दरभंगा (ख) मुजफ्फरपुर
(ग) भागलपुर (घ) छपरा

924. बिहार में 'जयप्रकाश आंदोलन' की शुरुआत कब हुई थी?
(क) सन् 1970 (ख) सन् 1972
(ग) सन् 1974 (घ) सन् 1977

925. मार्च 1974 में बिहार के किस बड़े समाचार-पत्र समूह के भवन में आग लगा दी गई थी?
(क) विश्वमित्र (ख) सर्चलाइट/प्रदीप
(ग) नवीन भारत (घ) आर्यावर्त्त

926. अप्रैल 1974 में पटना में हुई एक विशाल जनसभा में जयप्रकाश नारायण को कौन सी उपाधि दी गई थी?
(क) बिहार केसरी (ख) लोकनायक
(ग) भारत नायक (घ) बाबू

927. 'जयप्रकाश आंदोलन' के दौरान सरकार के दमनात्मक रवैए के विरोध में किस साहित्यकार ने अपनी 'पद्मश्री' उपाधि सरकार को लौटा दी थी?
(क) रामधारी सिंह 'दिनकर' (ख) नागार्जुन
(ग) रामवृक्ष बेनीपुरी (घ) फणीश्वरनाथ 'रेणु'

928. निम्नलिखित में से किस तिथि को पटना में एक विशाल सभा में जयप्रकाश नारायण ने 'संपूर्ण क्रांति' का उद्घोष किया था?
(क) 3 जून, 1973 (ख) 5 जून, 1974
(ग) 3 जून, 1974 (घ) 5 जून, 1977

929. 'संपूर्ण क्रांति' के कुल कितने आयाम निर्धारित किए गए थे?
(क) तीन (ख) चार
(ग) पाँच (घ) सात

930. संपूर्ण क्रांति को सफल बनाने की दिशा में एक गैर-राजनीतिक संगठन 'छात्र युवा संघर्ष वाहिनी' का गठन जयप्रकाश नारायण ने कब किया था?
(क) 1 जनवरी, 1974 (ख) 5 जून, 1974
(ग) 1 जनवरी, 1975 (घ) 1 जून, 1975

931. जून 1975 में जयप्रकाश नारायण को कहाँ गिरफ्तार किया गया था?
(क) मुजफ्फरपुर (ख) पटना
(ग) नई दिल्ली (घ) राँची

उत्तर के लिए कृपया पृष्ठ सं. 159 देखें।

932. बिहार में बोधगया में बौद्ध मंदिरों का निर्माता कौन था?
(क) समुद्रगुप्त (ख) कुमारगुप्त
(ग) चंद्रगुप्त-प्रथम (घ) रामगुप्त

933. सर्वप्रथम किस ग्रंथ में बिहार के निवासियों को 'ब्रात्य' कहा गया है?
(क) अर्थशास्त्र (ख) इंडिका
(ग) पंचविश ब्राह्मण (घ) कामसूत्रम्

934. बिहार का ओदंतपुरी विश्वविद्यालय किस विद्या की शिक्षा का केंद्र था?
(क) अर्थशास्त्र (ख) तंत्र विद्या
(ग) गणित (घ) चिकित्सा

935. ओदंतपुरी विश्वविद्यालय की स्थापना किस वर्ष हुई थी?
(क) 810 ई.पू. (ख) 770 ई.पू.
(ग) 710 ई.पू. (घ) 670 ई.पू.

936. बिहार के किस स्थान से गुप्तकालीन मुहरें मिली हैं?
(क) भागलपुर (ख) नालंदा
(ग) मुजफ्फरपुर (घ) वैशाली

937. आर्यभट, जो एक विख्यात गणितज्ञ थे और जिन्होंने 'दशमलव प्रणाली' का आविष्कार किया था, का जन्म बिहार के कुसुमपुर (वर्तमान में पटना) में किस वर्ष हुआ था?
(क) 273 ई. (ख) 373 ई.
(ग) 473 ई. (घ) 573 ई.

938. भारत में सर्वप्रथम मुद्रा के रूप में सिक्कों का प्रचलन किसके शासनकाल में हुआ था?
(क) शेरशाह सूरी (ख) अकबर
(ग) अलाउद्दीन खिलजी (घ) इब्राहिम लोदी

939. भारत के प्रसिद्ध साहित्यकार रामधारी सिंह 'दिनकर' का जन्म बिहार के किस स्थान पर हुआ था?
(क) उन्नकस (भोजपुर) (ख) सतलखा (दरभंगा)
(ग) सिमरिया (मुंगेर) (घ) आरा (भोजपुर)

940. बिहार राज्य किसके लिए महान् धार्मिक केंद्र है?
(क) सिखों के लिए (ख) जैनियों के लिए
(ग) बौद्धों के लिए (घ) उपर्युक्त सभी

941. बिहार राज्य में इनमें से किस बैंक की स्थापना सर्वप्रथम हुई थी?

उत्तर के लिए कृपया पृष्ठ सं. 159 देखें।

(क) भारतीय स्टेट बैंक (ख) पंजाब नेशनल बैंक
(ग) केनरा बैंक (घ) इलाहाबाद बैंक

942. बिहार में किस बैंक की सर्वाधिक शाखाएँ हैं?
(क) पंजाब एंड सिंध बैंक (ख) पंजाब नेशनल बैंक
(ग) भारतीय स्टेट बैंक (घ) केनरा बैंक

943. 'बिहार राज्य वित्त निगम' की स्थापना किस वर्ष हुई थी?
(क) 1950 (ख) 1952
(ग) 1954 (घ) 1960

944. बिहार में औद्योगिक वित्तीय सहायता प्रदान करने के लिए कौन सी प्रमुख वित्तीय संस्था है?
(क) अंकटाड (ख) विश्व बैंक
(ग) बिहार राज्य वित्त निगम (घ) उपर्युक्त में से कोई नहीं

945. बिहार में बैंकों की जमा साख का अनुपात क्या है?
(क) 70:30 (ख) 90:10
(ग) 80:20 (घ) 60.40

946. बिहार राज्य के बँटवारे के बाद वर्तमान में बिहार में कितने क्षेत्रीय ग्रामीण बैंक रह गए हैं?
(क) 12 (ख) 14
(ग) 16 (घ) 18

947. बिहार में वर्तमान में ग्रामीण बैंकों की कुल शाखाएँ कितनी हैं?
(क) 1,286 (ख) 1,681
(ग) 1,486 (घ) 2,136

948. बिहार के किस स्थान पर 'चावल विकास एवं शोध संस्थान' स्थित है?
(क) पूसा (समस्तीपुर) (ख) आरा (भोजपुर)
(ग) सोनपुर (सारण) (घ) बरौनी (बेगूसराय)

949. बिहार के किस स्थान पर 'फल विकास एवं शोध संस्थान' स्थित है?
(क) फुलवारी (पटना) (ख) फुरहानी (मुजफ्फरपुर)
(ग) सबौर (घ) महाराजगंज

950. बिहार के किस जिले में लीची का उत्पादन सर्वाधिक होता है?
(क) पटना (ख) मुजफ्फरपुर
(ग) पूर्वी चंपारण (घ) पूर्णिया

उत्तर के लिए कृपया पृष्ठ सं. 159 देखें।

951. बिहार राज्य की प्रसिद्ध खाद्य वस्तुएँ एवं उनके स्थानों के जोड़ों में कौन सा जोड़ा गलत है ?

खाद्य वस्तुएँ		**स्थान** *(जिस स्थान की यह खाद्य वस्तु प्रसिद्ध है)*
(क) सुरकी धान चिवड़ा	–	भागलपुर
(ख) सोहन पापड़ी	–	बक्सर
(ग) खुरमा	–	उदवंतनगर
(घ) बिहिया की पूरी	–	मुजफ्फरपुर

952. बिहार की प्रमुख झीलों एवं उनके स्थानों के जोड़ों में कौन सा जोड़ा गलत है ?

प्रमुख झीलों		**स्थान**
(क) कावर झील	–	बेगूसराय
(ख) सरेयामन	–	बेतिया
(ग) पिपरामन	–	परसा
(घ) मोती झील	–	मोतीहारी

953. बिहार की प्रमुख गोखुर झीलों में कौन सी सम्मिलित है ?
(क) सेमरी वन (जोगापट्टी) (ख) सोनवर्षा वन (हरसिद्धि)
(ग) पिपरामन (पिपरा) (घ) उपर्युक्त सभी

954. निम्नलिखित में से कौन सा बिहार का प्रमुख बाँध है ?
(क) बदुआ बाँध (ख) टेहरी बाँध
(ग) गांधी सागर बाँध (घ) कौनार बाँध

955. वर्तमान में बिहार में सड़कों की कुल लंबाई कितनी है ?
(क) 45,168 कि.मी. (ख) 55,268 कि.मी.
(ग) 76,167 कि.मी. (घ) 89,168 कि.मी.

956. भारत का सबसे लंबा सड़क पुल 'गांधी सेतु' बिहार में कहाँ स्थित है ?
(क) दरभंगा (ख) नालंदा
(ग) पटना (घ) मुजफ्फरपुर

957. बिहार से गुजरनेवाला प्रमुख राष्ट्रीय राजमार्ग निम्नलिखित में से कौन सा है ?
(क) राष्ट्रीय राजमार्ग–2 (ख) राष्ट्रीय राजमार्ग–19
(ग) राष्ट्रीय राजमार्ग–28 (घ) राष्ट्रीय राजमार्ग–28 ए

उत्तर के लिए कृपया पृष्ठ सं. 159-160 देखें।

958. निम्नलिखित में से किस राष्ट्रीय राजमार्ग की लंबाई बिहार में सबसे अधिक है ?
(क) राष्ट्रीय राजमार्ग-28 (ख) राष्ट्रीय राजमार्ग-30
(ग) राष्ट्रीय राजमार्ग-31 (घ) राष्ट्रीय राजमार्ग-80

959. कौन सा राष्ट्रीय राजमार्ग बिहार से होकर नहीं गुजरता है ?
(क) राष्ट्रीय राजमार्ग-15 (ख) राष्ट्रीय राजमार्ग-30
(ग) राष्ट्रीय राजमार्ग-81 (घ) राष्ट्रीय राजमार्ग-85

960. बिहार में राष्ट्रीय राजमार्गों की कुल लंबाई कितनी है ?
(क) 2,100 कि. मी. (ख) 3,884 कि. मी.
(ग) 6,050 कि. मी. (घ) 8,464 कि. मी.

961. बिहार से गुजरनेवाले राष्ट्रीय मार्ग 'ग्रांड ट्रंक रोड' का नाम बदलकर क्या रखा गया है ?
(क) जयप्रकाश मार्ग (ख) शेरशाह सूरी मार्ग
(ग) रामधारी मार्ग (घ) गुरु गोविंद मार्ग

962. 'ग्रांड ट्रंक रोड' वाराणसी (उत्तर प्रदेश) से होती हुई बिहार के किस नगर में प्रवेश करती है ?
(क) पटना (ख) बख्तियारपुर
(ग) मोहनिया (घ) फतुहा

963. बिहार में सबसे अधिक सड़क निम्नलिखित में से किस संस्था के नियंत्रण में है ?
(क) लोक निर्माण विभाग (ख) जिला परिषद्
(ग) राष्ट्रीय राजमार्ग (घ) उपर्युक्त में से कोई नहीं

964. बिहार में रेल परिवहन का शुभारंभ कब से माना जाता है ?
(क) 1858-59 (ख) 1860-62
(ग) 1875-77 (घ) 1905-07

965. बिहार राज्य में रेलमार्ग की कुल लंबाई कितनी है ?
(क) 2,688 कि.मी. (ख) 4,788 कि.मी.
(ग) 5,188 कि.मी. (घ) 6,688 कि.मी.

966. बिहार राज्य का रेल परिवहन की दृष्टि से भारत में कौन सा स्थान है ?
(क) तीसरा (ख) पाँचवाँ
(ग) दसवाँ (घ) पंद्रहवाँ

967. बिहार के हाजीपुर में किस रेलवे का क्षेत्रीय मुख्यालय खोला गया है ?

उत्तर के लिए कृपया पृष्ठ सं. 160 देखें।

(क) पूर्वोत्तर रेलवे (ख) पूर्वी-मध्य रेलवे
(ग) पूर्वी रेलवे (घ) पूर्वी-तटीय रेलवे

968. बिहार की सीमा से गुजरनेवाली रेलगाड़ियों में कौन सा रेलवे क्षेत्र सम्मिलित नहीं है?
(क) उत्तर-पूर्व सीमांत रेलवे (ख) दक्षिण-पूर्वी रेलवे
(ग) पश्चिमी रेलवे (घ) पूर्वोत्तर रेलवे

969. कौन सी रेलगाड़ी बिहार राज्य से होकर गुजरती है?
(क) इस्पात एक्सप्रेस (ख) साबरमती एक्सप्रेस
(ग) गीतांजलि एक्सप्रेस (घ) उपर्युक्त सभी

970. बिहार में पहली जनशताब्दी एक्सप्रेस रेलगाड़ी का शुभारंभ किस वर्ष किया गया था?
(क) 2000 (ख) 2002
(ग) 2004 (घ) 2006

971. बिहार राज्य के अंतर्गत चलनेवाली रेलगाड़ियों में कौन सी शामिल नहीं है?
(क) विक्रमशिला एक्सप्रेस (ख) कैपिटल एक्सप्रेस
(ग) कलिंग एक्सप्रेस (घ) नॉर्थ बिहार एक्सप्रेस

972. बिहार के किस स्थान पर भारत का सबसे बड़ा रेलवे पुल 'अब्दुल बारी पुल' स्थित है?
(क) सोनपुर (ख) हाजीपुर
(ग) समस्तीपुर (घ) बीहपुर

973. बिहार में कुल कितने हवाई अड्डे हैं?
(क) चार (ख) पाँच
(ग) छह (घ) आठ

974. बिहार में निम्नलिखित में से किस स्थान पर हवाई अड्डा नहीं है?
(क) मुजफ्फरपुर (ख) रक्सौल
(ग) पटना (घ) मुंगेर

975. बिहार के किस हवाई अड्डे का नेपाल जाने के लिए सर्वाधिक प्रयोग होता है?
(क) गया (ख) भागलपुर
(ग) रक्सौल (घ) राजगीर

976. गया हवाई अड्डे को अंतरराष्ट्रीय हवाई अड्डे का दर्जा किस वर्ष प्रदान किया गया था?

उत्तर के लिए कृपया पृष्ठ सं. 160 देखें।

(क) 1999 (ख) 2002
(ग) 2005 (घ) 2007

977. बिहार में किस स्थान पर फ्लाइंग एवं ग्लाइडिंग क्लब है ?
(क) मुजफ्फरपुर (ख) पटना
(ग) दरभंगा (घ) मुंगेर

978. निम्नलिखित में से कौन सा राष्ट्रीय जलमार्ग बिहार से होकर गुजरता है ?
(क) राष्ट्रीय जलमार्ग-1 (ख) राष्ट्रीय जलमार्ग-2
(ग) राष्ट्रीय जलमार्ग-3 (घ) राष्ट्रीय जलमार्ग-4

979. बिहार में स्टीमर द्वारा निम्नलिखित में से कौन सा जलमार्ग प्रयोग नहीं किया जाता है ?
(क) मोकामा से बरौनी (ख) महेंद्रघाट से पटना
(ग) बरारीघाट से महादेवपुर घाट (घ) पटना से मीनापुर

980. बिहार में 'आंतरिक जल मार्ग विकास प्राधिकरण' की स्थापना निम्नलिखित में से किसने की है ?
(क) केंद्र सरकार (ख) बिहार सरकार
(ग) केंद्र एवं बिहार सरकार (घ) उपर्युक्त में से कोई नहीं

981. वर्ष 2001 की धर्म आधारित जनगणना के अनुसार बिहार में किस धर्म के माननेवालों की जनसंख्या सबसे कम है ?
(क) हिंदू धर्म (ख) सिख धर्म
(ग) बौद्ध धर्म (घ) जैन धर्म

982. वर्ष 2001 की धर्म आधारित जनगणना के अनुसार बिहार में हिंदू धर्म को माननेवालों की जनसंख्या कितनी है ?
(क) 5,61,76,918 (ख) 6,90,76,919
(ग) 7,10,76,186 (घ) 7,90,71,916

983. बिहार में हिंदू धर्मावलंबियों का कुल प्रतिशत कितना है ?
(क) 76.21 (ख) 80.28
(ग) 83.26 (घ) 86.28

984. बिहार में मुसलिम धर्मावलंबियों का कुल प्रतिशत कितना है ?
(क) 11.5 (ख) 13.5
(ग) 16.5 (घ) 20.5

985. बिहार में किस धर्म के लोगों में सर्वाधिक लिंगानुपात है ?
(क) जैन (ख) ईसाई

उत्तर के लिए कृपया पृष्ठ सं. 160 देखें।

(ग) हिंदू (घ) मुसलिम

986. बिहार में किस धर्म के लोगों में न्यूनतम लिंगानुपात है?

(क) जैन (ख) बौद्ध

(ग) मुसलिम (घ) सिख

987. बिहार में किस धर्मावलंबियों में सर्वाधिक साक्षरता दर है?

(क) जैन धर्म (ख) बौद्ध धर्म

(ग) ईसाई धर्म (घ) सिख धर्म

988. बिहार में किस धर्म के लोगों में न्यूनतम साक्षरता दर है?

(क) मुसलिम धर्म (ख) सिख धर्म

(ग) ईसाई धर्म (घ) उपर्युक्त में से कोई नहीं

989. बिहार में उग्रवाद की घटनाओं में लगातार होनेवाली वृद्धि का प्रमुख कारण क्या है?

(क) नौकरशाही की शिथिलता

(ख) सामंतों द्वारा शोषण

(ग) भूमिहीन श्रमिकों की अत्यधिक संख्या

(घ) उपर्युक्त सभी

990. बिहार में उग्रवाद का मुख्य केंद्र किन-किन जिलों में है?

(क) सीतामढ़ी व समस्तीपुर (ख) जहानाबाद व भोजपुर

(ग) पूर्णिया व कटिहार (घ) मधुबनी व सुपौल

991. बिहार में भू-स्वामियों ने अपनी रक्षा के लिए कौन सी निजी उग्रवादी सेनाएँ बना रखी हैं?

(क) कुँवर सेना (ख) ब्रह्मर्षि सेना

(ग) रणबीर सेना (घ) उपर्युक्त सभी

992. निम्नलिखित में से कौन सा एक उग्रवादी वामपंथी संगठन है?

(क) लाल सेना

(ख) माओवादी कम्युनिस्ट सेंटर (एम.सी.सी.)

(ग) रणवीर सेना

(घ) भूमि सेना

993. बिहार राज्य में 'जहानाबाद जेल नर-संहार' कब हुआ था?

(क) नवंबर 2003 (ख) नवंबर 2005

(ग) अक्तूबर 2004 (घ) नवंबर 2007

994. अक्तूबर 1989 के भागलपुर सांप्रदायिक दंगों की जाँच आयोग के अध्यक्ष

उत्तर के लिए कृपया पृष्ठ सं. 160 देखें।

कौन थे ?

(क) न्यायमूर्ति सतीश चंद्र मिश्रा (ख) न्यायमूर्ति एन.एन. सिंह

(ग) न्यायमूर्ति भगवती प्रसाद झा (घ) न्यायमूर्ति बी.एन. अग्रवाल

995. बिहार में 'ऑपरेशन टास्क फोर्स' क्यों चलाया गया था ?

(क) आर्थिक एवं सामाजिक रूप से दुर्बल वर्ग की दशा सुधारने हेतु

(ख) नकली औषधियों पर नियंत्रण हेतु

(ग) दस्यु समस्याओं के अंत हेतु

(घ) नक्सलवादियों के उन्मूलन हेतु

996. बिहार में 'ऑपरेशन चाणक्य' क्यों प्रारंभ किया गया ?

(क) विधानसभा चुनावों में निष्पक्षता एवं शांतिपूर्ण मतदान करने हेतु

(ख) बाजार में दैनिक उपयोग की वस्तुओं में की जा रही मिलावट को समाप्त करने हेतु

(ग) चारा घोटाले के दोषियों की धर-पकड़ हेतु

(घ) भूमि-सुधार कार्यक्रमों में तीव्र गति लाने हेतु

997. बिहार में निम्नलिखित में से किस जिले में व्याप्त दस्यु समस्या के अंत हेतु 'ऑपरेशन ब्लैक पैंथर' का प्रारंभ किया गया था ?

(क) सिवान (ख) सारण

(ग) पश्चिमी चंपारण (घ) वैशाली

998. बिहार में 'ऑपरेशन धन्वंतरि' क्यों चलाया गया था ?

(क) आर्थिक एवं सामाजिक रूप से दुर्बल वर्ग को सामाजिक न्याय प्रदान करने हेतु

(ख) अवैध व नकली औषधियों पर नियंत्रण हेतु

(ग) चारा घोटाले के आरोपियों की धर-पकड़ हेतु

(घ) माफिया गिरोहों के सफाए हेतु

999. बिहार के किस जिले में 'ऑपरेशन उंजाला' चलाया गया था ?

(क) पटना (ख) मुजफ्फरपुर

(ग) भागलपुर (घ) पश्चिमी चंपारण

1000. बिहार में माफिया गिरोहों के सफाए हेतु कौन सा ऑपरेशन संचालित किया गया था ?

(क) ऑपरेशन ब्लैक पैंथर (ख) ऑपरेशन जॉन

(ग) ऑपरेशन जगुआर (घ) ऑपरेशन कोबरा

□

उत्तर के लिए कृपया पृष्ठ सं. 160 देखें।

उत्तर-सूची

1. (ख) बिहार में बौद्ध विहारों के अधिक संख्या में पाए जाने के कारण
2. (ख) उत्तर-पूर्व
3. (ग) 362 कि.मी.
4. (घ) 483 कि.मी.
5. (ख) 22 मार्च
6. (ख) बोधिवृक्ष
7. (ख) फाख्ता
8. (क) रीछ
9. (ग) किशनगंज
10. (घ) भागलपुर
11. (ख) 12 दिसंबर, 1911
12. (ख) वर्ष 1912 में
13. (ग) वर्ष 1936 में
14. (ख) पुरुलिया
15. (ख) 15 नवंबर, 2000
16. (ग) जयरामदयाल दौलतराम
17. (ग) श्रीकृष्ण सिंह
18. (ग) 40
19. (ख) 16
20. (ख) पटना
21. (घ) 94,163 वर्ग कि.मी.
22. (घ) बारहवाँ
23. (ख) 2.86 प्रतिशत
24. (घ) मध्य प्रदेश
25. (ग) 7
26. (ग) 200 कि.मी.
27. (घ) 173 फीट
28. (ख) उर्दू
29. (ख) 9
30. (ग) 54
31. (ग) 8,29,98,509
32. (ग) 8.07 प्रतिशत
33. (ख) तीसरा
34. (ख) 10.47 प्रतिशत
35. (घ) 89.53 प्रतिशत
36. (ग) तीसरा
37. (ख) 881 व्यक्ति प्रति वर्ग कि.मी.
38. (ग) 919
39. (ग) गोपालगंज-सिवान-पटना-नालंदा
40. (ख) 31,67,567
41. (घ) 35वाँ
42. (ग) नगरीय पुरुष
43. (ख) एक-तिहाई
44. (घ) 86 प्रतिशत
45. (क) कृषि
46. (ग) कोसी नदी

47. (ग) हाजीपुर
48. (ख) नहर
49. (ग) सोनपुर का मेला
50. (ग) बंगाल की खाड़ी
51. (ग) कैमूर की पहाड़ी
52. (घ) गया
53. (ग) 9–10 जून
54. (घ) गंगा का मैदानी भाग
55. (क) ग्रीष्म, वर्षा व शीत
56. (ख) मानसूनी जलवायु
57. (ग) मुगलसराय से कलकत्ता
58. (घ) शेरशाह सूरी
59. (ख) राष्ट्रीय राजमार्ग–2
60. (घ) भगवान श्रीकृष्ण
61. (घ) नवाकत–ए–नासिरी व कीर्तिलता
62. (घ) प्राच्य (पूर्व देश)
63. (ख) अथर्ववेद
64. (ग) राजगृह
65. (ख) वैशाली
66. (ग) कलिंग वंश
67. (ख) राजगृह
68. (क) पावापुरी
69. (ख) 540 ई.पू.
70. (घ) प्राकृत
71. (ख) ऋषभनाथ
72. (क) गौतम बुद्ध
73. (ख) सम्यक् चरित्र
74. (ग) गौड़ के सम्राट् शशांक
75. (ग) बोधगया
76. (ख) मुंगेर
77. (ख) चिरांद
78. (घ) उपर्युक्त सभी
79. (ग) कुम्हरार
80. (क) ऋग्वेद
81. (ग) शतपथ ब्राह्मण
82. (ग) पावापुरी
83. (ख) वैशाली–चंपारण
84. (ग) नंद वंश–बिंबसार
85. (ख) चंद्रगुप्त मौर्य
86. (क) चंद्रगुप्त मौर्य
87. (ख) पाटलिपुत्र
88. (ग) मेगस्थनीज
89. (ख) राजगृह
90. (ख) अजातशत्रु
91. (क) 383 ई.पू.
92. (ग) कालाशोक
93. (ग) सब्बाकामी
94. (क) 247 ई.पू.
95. (ग) अशोक
96. (घ) मोगालिपुत्र तिष्या
97. (घ) चतुर्थ
98. (क) समुद्रगुप्त
99. (ख) चंद्रगुप्त द्वितीय
100. (ग) कुमारगुप्त प्रथम
101. (ख) पालि
102. (क) नालंदा विश्वविद्यालय
103. (क) रत्नज्योति पुस्तकालय
104. (क) पाटलिपुत्र
105. (ग) 673 ई. में
106. (ख) गोपाल
107. (क) धर्मपाल
108. (ग) भागलपुर
109. (ग) गुहड़वाल वंश
110. (ग) मदनपाल
111. (ख) खिलजी वंश–बलबन
112. (घ) शाहपुर (भोजपुर)
113. (क) मोहम्मद बिन तुगलक
114. (ख) बिहार शरीफ
115. (ख) मोहम्मद बिन तुगलक

116. (क) बख्तियार खिलजी
117. (ख) दरिया खाँ नूहानी
118. (क) सिकंदर लोदी
119. (ख) 1495–1522 ई.
120. (ख) शेरशाह सूरी
121. (क) बहार खाँ
122. (ख) सासाराम
123. (ख) पटना
124. (क) रोहतासगढ़
125. (ग) चौसा
126. (ख) 1541
127. (घ) शेरशाह सूरी
128. (ख) दाऊद खाँ करारानी
129. (ग) उसकी प्रशासकीय नीतियों को अकबर ने अपनाया
130. (क) अकबर
131. (ख) दाऊद खाँ कुरैशी
132. (ख) अजीमाबाद
133. (ख) मोहम्मद सादिक
134. (ग) 1666
135. (घ) गुरु गोविंद सिंह
136. (ग) 1658
137. (ख) 1764 ई. में
138. (ख) बक्सर के युद्ध
139. (क) रेग्यूलेटिंग एक्ट, 1773
140. (क) 1821 ई. में
141. (ख) 1822 ई. में
142. (घ) उपर्युक्त सभी
143. (क) कोल विद्रोह
144. (घ) मुंडा विद्रोह
145. (ग) कुँअर सिंह
146. (ग) जगदीशपुर
147. (ख) 12 जून, 1857
148. (ख) रोहिणी (देवघर)
149. (ख) कुँअर सिंह
150. (ख) पीर अली
151. (ग) रोहिणी, पटना, मुजफ्फर-पुर, जगदीशपुर
152. (ख) वर्ष 1908
153. (ख) खुदीराम बोस
154. (क) डॉ. राजेंद्र प्रसाद
155. (ग) तीन
156. (ख) बाँकीपुर (पटना)
157. (क) आर. एन. मुधोलकर
158. (ख) सच्चिदानंद सिन्हा
159. (ख) शचींद्रनाथ सान्याल
160. (क) पटना
161. (ख) मौलाना मजहरुल हक
162. (ग) चंपारण सत्याग्रह आंदोलन
163. (घ) रामकुमार शुक्ल
164. (ख) 10 अप्रैल, 1917
165. (ग) 1923
166. (क) नारायण प्रसाद
167. (ख) डॉ. राजेंद्र प्रसाद
168. (ख) सी.आर. दास
169. (ग) 1927
170. (ख) 1928
171. (ग) चंपारण-सारण
172. (ख) 16 अप्रैल, 1930
173. (ख) अंबिकाकांत सिंह
174. (क) श्रीकृष्ण सिंह
175. (घ) उपर्युक्त सभी
176. (ग) आचार्य नरेंद्र देव
177. (क) छपरा जेल
178. (ख) श्रीकृष्ण सिंह
179. (ख) रामदयालु सिंह
180. (घ) पटना
181. (ख) वर्ष 1940 में

182. (ख) 11 अगस्त, 1942
183. (ख) सात
184. (ग) पसराहा (मुंगेर)
185. (ख) सियाराम सिंह
186. (ख) मौलाना अबुल कलाम आजाद
187. (ख) सारण
188. (ख) आजाद दस्ते
189. (ख) जयप्रकाश नारायण
190. (क) सियाराम सिंह
191. (ख) 4 फरवरी, 1944
192. (ख) श्रीकृष्ण सिंह
193. (ग) चंद्रशेखर सिंह
194. (ख) वर्ष 1937 में
195. (ग) मोहम्मद यूनुस
196. (ख) श्रीकृष्ण सिंह
197. (घ) 31 सामान्य 5 मुसलिम
198. (ग) अनुच्छेद 168
199. (ग) 75
200. (घ) एक-तिहाई
201. (ख) 243
202. (ख) सत्येंद्र प्रसाद सिन्हा
203. (घ) सर एडवर्ड लेविंग
204. (क) डॉ. जाकिर हुसैन
205. (ख) बूटा सिंह
206. (क) भोला पासवान शास्त्री
207. (घ) महामाया प्रसाद सिन्हा
208. (घ) अब्दुल गफूर
209. (ख) राबड़ी देवी
210. (ख) महामाया प्रसाद सिन्हा
211. (क) चंद्रशेखर सिंह
212. (घ) खेल घोटाला
213. (ख) दीप नारायण सिंह
214. (ख) 10 मार्च, 1990
215. (ख) नीतीश कुमार
216. (ख) श्रीकृष्ण सिंह
217. (क) दीप नारायण सिंह
218. (ग) भोला पासवान शास्त्री एवं डॉ. जगन्नाथ मिश्र
219. (क) जुलाई 1973 से अप्रैल 1975 तक
220. (ख) अब्दुल गफूर
221. (क) भोला पासवान शास्त्री
222. (ग) राजीव रंजन प्रसाद सिंह
223. (ग) सभापति
224. (ख) एक-तिहाई
225. (क) 1
226. (घ) मो. हिदायतुल्ला खाँ
227. (क) डॉ. रामगोविंद सिंह
228. (क) नईमा खातून
229. (घ) आर.एस. गवई
230. (घ) नीतीश कुमार
231. (क) रामदयालु सिंह
232. (क) अनुच्छेद 170
233. (ग) हरिनाथ मिश्र
234. (ख) उदय नारायण चौधरी
235. (ख) अरुण कुमार
236. (ख) भोला पासवान शास्त्री
237. (क) पश्चिम बंगाल
238. (घ) झारखंड
239. (क) 29 जून, 1968
240. (ग) 8 बार
241. (ग) सन् 1995 में 5 दिन के लिए
242. (घ) सन् 2005 में 8 महीने के लिए
243. (ख) मार्च 2005
244. (ख) बलिराम भगत
245. (ग) डॉ. राजेंद्र प्रसाद
246. (ग) सर एडवर्ड मायनर्ड

247. (क) सर फैजल अली
248. (क) 1916
249. (क) माधव श्रीहरिहर अणे
250. (घ) 1988
251. (ग) सर फैजल अली
252. (क) भुवनेश्वर प्रसाद सिन्हा
253. (ग) बिहार
254. (क) 1961
255. (ख) 1993
256. (क) 1952
257. (ख) मांटेग्यू चेम्सफोर्ड रिपोर्ट, 1919
258. (घ) 2001
259. (ग) त्रिस्तरीय—ग्राम पंचायत, पंचायत समिति एवं जिला परिषद्
260. (ख) जिला विकास पदाधिकारी
261. (घ) गया
262. (ग) मुजफ्फरपुर, रोहतास, मधेपुरा
263. (ख) बेतिया
264. (क) मोतीहारी
265. (क) मधेपुरा
266. (क) पटना
267. (ख) भागलपुर
268. (ख) भागलपुर एवं बाँका
269. (क) सिवान
270. (ख) 24°-20'-10'' से 27°-31'-15'' उत्तरी अक्षांश व -83°-19'-50'' से 88°-17'-40'' पूर्वी देशांतर
271. (ख) नेपाल
272. (ख) पश्चिमी चंपारण
273. (क) सुपौल
274. (घ) झारखंड
275. (क) पश्चिमी चंपारण
276. (घ) शेखपुरा
277. (ग) 2,927 वर्ग कि.मी.
278. (ख) 3.68 प्रतिशत
279. (घ) गंडक
280. (ख) फल्गु
281. (घ) उपर्युक्त सभी
282. (ग) बाढ़ क्षेत्र की आकृति
283. (घ) दक्षिणी सीमावर्ती पहाड़ियाँ
284. (ख) सोमेश्वर की पहाड़ियाँ
285. (क) पश्चिमी चंपारण
286. (ख) उत्तरी गंगा का मैदान
287. (ख) 90,650 वर्ग कि.मी.
288. (घ) 96 प्रतिशत
289. (ख) सोन नदी घाटी परियोजना
290. (घ) नेपाल
291. (ख) 1955
292. (ग) सीतामढ़ी
293. (ख) बरौनी ताप परियोजना
294. (ख) बिहार-उत्तर प्रदेश
295. (क) गंडक नदी घाटी परियोजना
296. (ख) जमुई
297. (ख) जयनगर लघु परियोजना-रफीगंज (औरंगाबाद)
298. (ग) सोन नदी, हाजीपुर
299. (ग) बूढ़ी गंडक नदी, सप्तकौशिकी (नेपाल)
300. (ग) स्वर्ण रेखा
301. (घ) भोजपुर
302. (घ) गंगा नदी
303. (घ) सप्तकौशिकी (नेपाल)

304. (घ) गंगा नदी में
305. (ख) सप्तगंडकी
306. (क) नारायणी नदी
307. (क) कोसी नदी
308. (घ) सोन नदी
309. (घ) उपर्युक्त सभी
310. (घ) उपर्युक्त सभी
311. (ग) दरभंगा
312. (क) फल्गु नदी
313. (क) गया
314. (ख) गया, रोहतास, नवादा
315. (ग) महात्मा गांधी जलप्रपात
316. (क) परासडीह जलप्रपात
317. (क) सासाराम
318. (ख) दुर्गावती जलप्रपात
319. (ख) राजगीर
320. (क) सूरज कुंड
321. (ग) नानक कुंड
322. (ग) इसमें गंधक व खनिज लवण मिले होते हैं
323. (घ) ताल की मिट्टी
324. (क) नवीन जलोढ़ मिट्टी
325. (ख) गंगा का उत्तरी मैदान
326. (क) करैल-कैवाल मिट्टी
327. (घ) नवीन जलोढ़ मिट्टी
328. (क) सहरसा, पूर्णिया, दरभंगा एवं मुजफ्फरपुर का क्षेत्र
329. (ग) जलोढ़ मिट्टी
330. (ख) तराई क्षेत्र में
331. (क) करैल-कैवाल मिट्टी
332. (घ) लाल मिट्टी
333. (ख) शाहाबाद, गया, पटना एवं मुंगेर का क्षेत्र
334. (घ) उपर्युक्त सभी
335. (क) किशनगंज
336. (ख) गंगा नदी के दक्षिणी भाग में
337. (ग) नवादा
338. (घ) बलसुंदरी मिट्टी
339. (क) पटना, मुंगेर, भागलपुर
340. (ख) पटना
341. (ग) शिवहर
342. (ख) कैमूर
343. (ख) पटना
344. (ख) सिवान
345. (क) पटना
346. (ख) 4,32,43,795 व 3,97, 54, 714
347. (क) 86,81,800
348. (ग) 7,53,16,706
349. (ख) पटना, पूर्वी चंपारण, मुजफ्फरपुर, मधुबनी
350. (क) शिवहर, शेखपुर, लखीसराय, मुंगेर
351. (ग) 28.62
352. (घ) शिवहर
353. (ख) नालंदा
354. (ख) द्वितीय
355. (घ) मुंगेर
356. (ख) गया-मुंगेर
357. (ख) रोहतास-कैमूर
358. (घ) सीमेंट निर्माण
359. (क) रोहतास
360. (घ) अमझोर
361. (ख) अमझोर
362. (क) मुंगेर
363. (क) गया, मुंगेर
364. (ख) गया
365. (ख) अभ्रक
366. (ख) औरंगाबाद

367. (क) रोहतास-कैमूर
368. (घ) अभ्रक
369. (क) भागलपुर, मुंगेर, वैशाली
370. (क) माँझी
371. (क) 20 हजार टन
372. (क) मुंगेर-जमुई
373. (क) भागलपुर
374. (क) भागलपुर-मुंगेर
375. (ख) मुंगेर
376. (क) पूर्वी चंपारण, सारण, मुजफ्फरपुर
377. (क) रोहतास, मुंगेर
378. (क) कोयला
379. (क) राजगीर
380. (घ) मुंगेर
381. (क) एस्बेस्टस
382. (ग) 66.07 प्रतिशत
383. (ख) गया-नवादा
384. (ख) आग्नेय
385. (क) मुंगेर
386. (ग) फेल्सपार
387. (क) मुंगेर
388. (घ) किशनगंज
389. (क) 28.66 प्रतिशत
390. (ख) चीनी उद्योग
391. (ग) 1903 (मरहौरा)
392. (क) गंगा के उत्तरी मैदान
393. (ग) 28
394. (ख) भागलपुर
395. (ग) गया
396. (क) मानपुर
397. (ख) पूर्णिया, कटिहार, दरभंगा
398. (ग) मुंगेर
399. (ख) किशनगंज
400. (क) पटना
401. (ख) दाऊदनगर
402. (क) दीघाघाट (पटना)
403. (क) हाजीपुर
404. (क) जमीरा
405. (ख) सोवियत संघ
406. (ख) नालंदा
407. (घ) बिहार स्टेट स्पन सिल्क मिल
408. (क) बरौनी (बेगूसराय)
409. (ग) कोयला
410. (घ) लौह इस्पात
411. (ख) बरौनी
412. (ग) दरभंगा-बीड़ी
413. (ख) 1958
414. (ख) 1966
415. (ख) जमालपुर
416. (क) मोकामा (पटना)
417. (क) पटना
418. (ख) फतुहा (पटना)
419. (ग) बरौनी
420. (घ) रीगा-सिंदूर फैक्टरी
421. (ख) 1956
422. (ग) 1980
423. (ख) पटना
424. (घ) मधुबनी
425. (ग) वर्ष 2003
426. (घ) आरा
427. (ग) मुंगेर
428. (घ) सीतामढ़ी
429. (क) गया, भागलपुर
430. (ख) 1972
431. (ख) बगहा
432. (क) मेहसी (पूर्वी चंपारण)
433. (घ) पटना
434. (क) 2,231

435. (क) बरौनी
436. (क) 1983
437. (ग) 1974
438. (क) धान
439. (घ) उपर्युक्त सभी
440. (घ) 80 प्रतिशत
441. (ग) 8
442. (क) रोहतास
443. (क) उत्तरी गंगा का मैदान
444. (ग) 1 अप्रैल, 2000
445. (ख) समस्तीपुर एवं भागलपुर
446. (घ) बक्सर
447. (ख) मधुबनी
448. (घ) बाँका
449. (क) गेहूँ
450. (घ) मक्का
451. (क) धान एवं मकई
452. (क) राजेंद्र कृषि विश्वविद्यालय (समस्तीपुर)
453. (घ) उपर्युक्त सभी
454. (ख) दूसरा
455. (क) पूर्णिया
456. (क) भोजपुर, चंपारण एवं मुंगेर
457. (ग) छठा
458. (ख) रागी (मड़ुआ)
459. (क) पटना
460. (ग) छठा
461. (ख) पटना
462. (ग) मेस्टा
463. (ख) चावल, गेहूँ, मक्का, दालें
464. (क) मुजफ्फरपुर, पटना, गया
465. (ग) पाँचवाँ
466. (घ) दरभंगा
467. (क) सारण, दक्षिण चंपारण, भागलपुर, पटना
468. (क) पटना
469. (घ) मुंगेर
470. (ख) बिहार शरीफ (नालंदा)
471. (क) राई एवं सरसों
472. (क) उत्तरी बिहार में
473. (घ) पूर्णिया
474. (ग) 63.23 प्रतिशत
475. (क) मुशहरी (मुजफ्फरपुर)
476. (क) बेगूसराय
477. (क) दरभंगा
478. (क) अरहर
479. (घ) दरभंगा
480. (घ) गन्ना
481. (क) अक्तूबर-नवंबर
482. (ग) खरीफ
483. (क) बाजरा
484. (ख) जून-जुलाई
485. (क) अक्तूबर-नवंबर
486. (क) जायद
487. (घ) सरसों
488. (क) मई-जून
489. (क) रबी
490. (ख) 46.18 प्रतिशत
491. (क) सब्जपुरा (पटना)
492. (क) वैशाली
493. (घ) 37 प्रतिशत
494. (क) वर्ष 1956
495. (ख) वर्ष 1961
496. (ख) भैंस
497. (ग) पर्णपाती
498. (ख) 7.1 प्रतिशत
499. (ख) 6,764 वर्ग कि.मी.
500. (क) साल
501. (क) दक्षिण-पूर्वी
502. (ख) सदाबहार वन

503. (घ) 89 प्रतिशत
504. (ख) 19 प्रतिशत
505. (ख) आर्द्र पतझड़ वन
506. (ख) शुष्क पतझड़ वन
507. (क) आर्द्र पर्णपाती वन
508. (क) लाख उद्योग
509. (ख) 33 प्रतिशत
510. (ख) 20 प्रतिशत
511. (क) सहरसा व पूर्णिया
512. (क) गया, दक्षिणी मुंगेर, दक्षिणी भागलपुर
513. (क) राज्य वन विकास निगम
514. (ग) पूर्णिया
515. (ख) रोहतास
516. (ग) गया
517. (ग) 1976
518. (ग) 25.83 वर्ग कि.मी.
519. (ग) उदयपुर अभयारण्य दरभंगा
520. (ग) कोडरमा वन्य जीव अभयारण्य
521. (ग) 13
522. (क) कैमूर अभयारण्य
523. (ख) 1,000 वर्ग कि.मी.
524. (ख) 1976
525. (क) स्लोथ-भालू व चौसिंगा
526. (क) अररिया
527. (क) पटना
528. (क) उदयपुर अभयारण्य
529. (ख) लालशर पक्षी के लिए
530. (क) कुशेश्वर पक्षी विहार, नालंदा
531. (घ) दरभंगा
532. (क) कुशेश्वर पक्षी विहार
533. (ख) विक्रमशिला गंगा डॉल्फिन अभयारण्य
534. (ग) भागलपुर
535. (ग) कावर पक्षी विहार
536. (क) जमुई
537. (ग) कुशेश्वर पक्षी विहार
538. (ख) 217.99 एकड़ क्षेत्र
539. (ख) गोगाबिल पक्षी विहार
540. (ख) नक्टी पक्षी बिहार
541. (क) तीन
542. (घ) उपर्युक्त सभी
543. (ख) छपरा, चंपारण, रोहतास
544. (ग) मुंडारी
545. (घ) उपर्युक्त सभी सही हैं
546. (क) शाहाबाद
547. (घ) भोजपुरी
548. (क) कृषि करना
549. (ग) मुंगेर
550. (ख) कृषि
551. (ग) खरवार
552. (क) टाँडा
553. (ख) 0.9
554. (ख) 7,58,351
555. (ख) 3,65,237
556. (क) कटिहार
557. (क) शिवहर
558. (ख) कटिहार, पूर्णिया, बाँका, जमुई
559. (ग) 15.7
560. (क) शिवहर, शेखपुरा, खगड़िया, दरभंगा
561. (क) पूर्णिया
562. (ख) गया, पटना, समस्तीपुर, मुजफ्फरपुर
563. (ख) 1,30,48,608
564. (घ) गया

565. (क) 29.65
566. (क) किशनगंज
567. (ग) 67,84,676
568. (ख) शिवहर,किशनगंज, शेखपुरा, लखीसराय
569. (घ) 62,63,932
570. (क) नवादा
571. (ग) महाबोधि वृक्ष
572. (ख) कैप्टन जॉन ग्यार्सटन
573. (ख) सन् 1942 के आंदोलन में सचिवालय पर तिरंगा झंडा फहरानेवाले सात शहीदों की याद में
574. (घ) जालान का किला
575. (क) गंडक नदी पर एक बाँध बनाए जाने के कारण
576. (ग) यहाँ भगवान् बुद्ध को ज्ञान प्राप्त हुआ था
577. (ख) यह भगवान् महावीर का निर्वाण स्थल है
578. (घ) बौद्ध व जैन धर्म का
579. (घ) वैशाली
580. (घ) राजगीर
581. (ख) 1987
582. (क) बोधगया
583. (ग) विष्णुपद मंदिर
584. (ख) पूर्णिया
585. (घ) राजगीर
586. (ख) पटना
587. (ख) गया
588. (ग) 1891
589. (ग) 1969
590. (क) पटना
591. (ख) इंदिरा गांधी तारामंडल
592. (ख) अररिया
593. (ख) औरंगाबाद
594. (क) शेरशाह का किला
595. (ग) गुरु गोविंद सिंह
596. (ख) महाराजा रणजीत सिंह
597. (क) संत पीर मखदूम शाह शरीफुद्दीन
598. (क) सूफी संत पीर हजरत मखादुन याहिया
599. (ख) पत्थर की मसजिद
600. (घ) यहाँ मिर्जा मासूम की मसजिद अवस्थित है
601. (क) पूर्णिया
602. (ख) 1751
603. (ग) गया
604. (घ) उपर्युक्त सभी
605. (ख) गोपी गुफा
606. (क) लोमर्षि गुफा
607. (ग) कर्ण गुफा
608. (घ) कटिहार
609. (क) उड़वाँ
610. (क) आरा
611. (ख) मनेर
612. (क) मुजफ्फरपुर
613. (क) नवादा
614. (ग) पूरण देवी मंदिर
615. (ग) सीतामढ़ी
616. (ख) मुंडेश्वरी मंदिर
617. (ख) महावीर मंदिर
618. (घ) गुरुद्वारा गुरु सिंह सभा
619. (ग) सैफ खाँ की मसजिद
620. (ख) हाजीपुर
621. (ख) 47.0 प्रतिशत
622. (घ) 60.7 प्रतिशत
623. (घ) 33.1 प्रतिशत
624. (घ) 28वाँ

625. (ख) पटना विश्वविद्यालय
626. (घ) मध्यम
627. (ख) पटना
628. (क) किशनगंज
629. (क) पटना
630. (ग) पटना
631. (क) महेंदु (पटना)
632. (ख) पटना
633. (ख) मुजफ्फरपुर
634. (घ) वर्ष 1992 में
635. (क) भागलपुर
636. (ख) वर्ष 1937 में
637. (ग) जिला शिक्षा अधिकारी
638. (ग) यूनीसेफ
639. (घ) समस्तीपुर
640. (ख) वर्ष 1918 में
641. (ख) पटना मेडिकल कॉलेज, पटना
642. (क) मुंगेर
643. (घ) 28वाँ
644. (क) दरभंगा
645. (ग) दरभंगा
646. (घ) भीमराव अंबेडकर विश्वविद्यालय
647. (ख) 2002
648. (घ) 28वाँ
649. (ख) पटना
650. (क) 1937
651. (ख) पटना लॉ कॉलेज, पटना
652. (ग) 1997
653. (ख) 1985 में
654. (क) रोहतास, भोजपुर, पटना
655. (क) पटना, मुंगेर, रोहतास
656. (ख) पटना
657. (क) सीतामढ़ी
658. (क) सोसाइटी रजिस्ट्रेशन एक्ट, 1860
659. (क) पटना
660. (घ) पटना
661. (क) मधेपुरा
662. (क) नालंदा विश्वविद्यालय
663. (घ) तक्षशिला विश्वविद्यालय
664. (ग) पटना
665. (ख) 1948
666. (ग) श्रीबाल सीताराम माधेकर
667. (घ) किशनगंज
668. (ख) हिंदी, अंग्रेजी, भोजपुरी, मैथिली
669. (घ) 28 अप्रैल, 1959
670. (क) मुजफ्फरपुर
671. (ग) 1978
672. (ख) सीवान
673. (ख) 5
674. (ख) 26
675. (ख) 1980
676. (ख) 1982
677. (ग) बिहार बंधु
678. (ग) 1874 ई. (पटना)
679. (ख) सर्वहितैषी
680. (क) बिहार बंधु
681. (ख) 1880
682. (ख) आज
683. (क) दरभंगा
684. (ख) वर्ष 1941
685. (क) प्रदीप
686. (क) पटना
687. (क) बालक
688. (क) 'द बिहार हेरल्ड'
689. (क) गुरु प्रसाद सेन
690. (ख) 1875

691. (ख) 1986
692. (ग) पटना टाइम्स
693. (ख) नूरुल अन्वार
694. (क) मोहम्मद हाशिम
695. (ग) सदा-ए-आम
696. (ख) नुरुल अन्वार
697. (क) विद्यार्थी
698. (घ) पटना
699. (क) 1878
700. (ग) संस्कृत
701. (क) अरण्यकम्
702. (घ) भारतीय
703. (क) मधुबनी शैली
704. (ग) भारती दयाल
705. (घ) सेवकराम
706. (ग) मुगल कला का
707. (घ) मौर्य चित्रशैली
708. (ख) अंगक्षेत्र में
709. (ख) डुमराँव (बक्सर)
710. (ख) पटना
711. (ख) नवरंग कला मंच
712. (घ) उपर्युक्त सभी
713. (घ) सासाराम
714. (घ) दरभंगा
715. (घ) 1974
716. (क) हाथीदाँत के ऐतिहासिक अवशेष
717. (ग) वैशाली
718. (ग) अंतिम संस्कार
719. (ग) नवलकिशोर सिंह
720. (क) महाकवि विद्यापति
721. (क) चैता
722. (क) भागलपुर
723. (घ) पटना
724. (घ) दीदारगंज यक्षी की प्रतिमा
725. (ख) 1931
726. (ग) भूपेंद्र नारायण सिंह
727. (ख) पुनर्मिलन
728. (ग) भूपेंद्र नारायण सिंह
729. (क) धीरेन गांगुली
730. (ग) गंगा मइया तोहे पियरी चढ़इबो
731. (ग) जछन बाई
732. (ग) 1961
733. (क) कन्यादान
734. (घ) हरिमोहन झा
735. (क) एस.सी. देशमुख
736. (ख) विंध्यवासिनी देवी
737. (घ) उपर्युक्त सभी
738. (ख) 1915
739. (क) 1970
740. (घ) कमन
741. (क) बुद्ध जयंती
742. (क) रामनवमी
743. (ग) दीपावली
744. (ख) 14 जनवरी
745. (क) छठ पूजा
746. (ख) सूर्यदेव की
747. (क) दुर्गा पूजा
748. (ख) रक्षाबंधन
749. (क) इंद्र पूजा
750. (क) चित्रगुप्त पूजा
751. (क) भाद्रपद मास के शुक्ल पक्ष की तृतीया को
752. (ग) सोनपुर का मेला
753. (क) कार्तिक पूर्णिमा
754. (ख) सहोदरा मेला
755. (घ) बेतिया
756. (क) मधुबनी

757. (क) गया
758. (ग) जानकी नवमी का मेला
759. (घ) सदल मिश्र
760. (ग) 1950
761. (घ) वर्ष 1919 में
762. (ख) वर्ष 1975 में
763. (ख) वर्ष 1939 में
764. (ग) मैथिलीशरण गुप्त
765. (क) उर्वशी
766. (ख) नागार्जुन
767. (ख) रामधारी सिंह 'दिनकर'
768. (क) भिखारी ठाकुर
769. (ख) सुरेश दुबे
770. (ग) विद्यापति
771. (घ) अली मोहम्मद शाह
772. (घ) रतिनाथ की चाची
773. (ख) नागार्जुन
774. (ख) 1984
775. (ग) बिहारी
776. (ग) मैथिली
777. (घ) भागलपुर
778. (क) मैथिली
779. (ग) ई. एम. फोर्स्टर
780. (घ) अवधी
781. (ख) मैथिली
782. (क) दरभंगा
783. (ख) पटना व गया
784. (घ) पूर्णिया
785. (ग) अंगिका
786. (ग) वैशाली व मुजफ्फरपुर
787. (ख) अंगिका
788. (ख) कल्याण विभाग
789. (घ) उपर्युक्त सभी
790. (घ) उपर्युक्त सभी
791. (ख) वस्त्र वितरण योजना
792. (ख) बँधुआ मजदूर पहचान एवं पुनर्वास योजना
793. (ग) 18 से 60 वर्ष
794. (ग) 3,125 रुपए
795. (घ) उपर्युक्त सभी
796. (घ) उपर्युक्त सभी
797. (क) 4.25 करोड़
798. (घ) उपर्युक्त सभी
799. (ख) जो प्रतिदिन 2,100 कैलोरी से कम पोषण तत्त्व ग्रहण करते हैं
800. (ख) जो प्रतिदिन 2,400 कैलोरी से कम पोषण तत्त्व ग्रहण करते हैं
801. (ख) पाँचवीं पंचवर्षीय योजना
802. (क) राष्ट्रीय सामाजिक सुरक्षा कार्यक्रम
803. (ख) 2002
804. (ख) रोहतास एवं नालंदा
805. (क) जीविका परियोजना
806. (क) शिक्षा एवं जागरूकता का अभाव
807. (क) उत्तरी बिहार
808. (ग) नेपाल की नदियों का सही जल-प्रबंधन करके
809. (ग) गंगा
810. (घ) उपर्युक्त सभी
811. (ख) गंगा कार्य योजना
812. (ख) 14 जून, 1986
813. (घ) उपर्युक्त सभी
814. (क) फरवरी 1991
815. (ग) जल प्रदूषण (निवारण एवं नियंत्रण) अधिनियम, 1974
816. (क) 1974
817. (घ) उपर्युक्त सभी

818. (ग) जल प्रदूषण (निवारण एवं नियंत्रण) अधिनियम
819. (क) दिसंबर 2001
820. (क) पी.एम.सी.एच.
821. (ग) पटना
822. (ग) त्रिस्तरीय
823. (क) स्वास्थ्य उपकेंद्र
824. (क) 10,332
825. (ख) प्राथमिक स्वास्थ्य केंद्र
826. (क) 1 लाख 20 हजार
827. (ख) 1,247
828. (ग) 618
829. (घ) 396
830. (ख) 4,500
831. (क) मातृस्वास्थ्य एवं शिशु उत्तरजीविता में सुधार लाना
832. (क) 1
833. (ख) 29
834. (क) 7
835. (घ) उपर्युक्त सभी
836. (क) नालंदा, कटिहार, वैशाली
837. (ख) वैशाली
838. (घ) राजेंद्र सम्मान
839. (घ) माखनलाल चतुर्वेदी पुरस्कार
840. (ग) विज्ञान
841. (क) अर्थशास्त्र
842. (घ) महात्मा गांधी सम्मान
843. (क) आंचलिक कथा कृति
844. (ग) काशी प्रसाद जायसवाल पुरस्कार
845. (ग) राजनीति-शास्त्र
846. (ख) अमरनाथ झा पुरस्कार
847. (क) धर्म एवं दर्शन
848. (घ) उपर्युक्त सभी
849. (घ) उपर्युक्त सभी
850. (ख) भोजपुरी भाषा में लिखित पुस्तक
851. (ग) बिहार विषयक ग्रंथ पुरस्कार
852. (ख) दुष्यंत कुमार पुरस्कार
853. (ख) 7
854. (क) बिहार की लोक भाषाओं (मैथिली व मगधी में लिखित पुस्तकों पर
855. (ख) ग्यारह
856. (घ) पंजाबी अकादमी
857. (ख) रामधारी सिंह 'दिनकर'
858. (क) 1972
859. (घ) उपर्युक्त सभी
860. (ग) जगजीवन राम
861. (ख) 6
862. (ख) डॉ. राजेंद्र प्रसाद
863. (ख) 1962
864. (ख) जे.आर.डी. टाटा
865. (ग) 1999
866. (ख) उस्ताद बिस्मिल्ला खाँ
867. (क) रणधीर वर्मा
868. (घ) उपर्युक्त सभी
869. (ख) 1961
870. (ख) 1986
871. (घ) उपर्युक्त सभी
872. (ग) सात
873. (ख) बिहार क्रिकेट संघ
874. (क) 1937
875. (घ) उपर्युक्त सभी
876. (ख) बिहार ओलंपिक संघ
877. (ख) 1986
878. (ख) बिहार राज्य शतरंज संघ
879. (ग) इंग्लिश शील्ड

880. (क) पटना एथलेटिक संघ
881. (ख) चंद्रशेखर प्रसाद
882. (घ) 1997
883. (ख) मोइनुल हक स्टेडियम
884. (क) मोइनुल हक स्टेडियम
885. (क) पटना
886. (क) कलिंग स्टेडियम
887. (ख) 1904
888. (ख) आरा
889. (ग) इंदिरा गांधी स्टेडियम, मुंगेर
890. (क) हेमंत ट्रॉफी
891. (क) प्रेसीडेंट कप
892. (ग) 29
893. (क) हॉकी
894. (क) चीका
895. (घ) उपर्युक्त सभी
896. (ख) ताहिर हुसैन
897. (घ) उपर्युक्त सभी
898. (घ) उपर्युक्त सभी
899. (घ) उपर्युक्त सभी
900. (ख) बिहार राज्य खेल प्राधिकरण
901. (ख) बिंदेश्वरी प्रसाद मंडल
902. (क) सच्चिदानंद सिन्हा
903. (ख) डॉ. राजेंद्र प्रसाद
904. (ग) सर गणेश दत्त
905. (घ) 25 जुलाई, 1997
906. (ख) चावल विकास एवं शोध संस्थान
907. (ग) अगम कुआँ (पटना)
908. (क) पटना
909. (ख) अष्टांग आयुर्वेदिक कॉलेज
910. (ग) बिहार
911. (ग) 1934
912. (घ) जयप्रकाश नारायण
913. (ख) 6 जुलाई, 1957 से 11 मई, 1962
914. (ख) बाबूजी
915. (ख) वर्ष 1977
916. (ख) जयप्रकाश नारायण
917. (ख) चंद्रवा (भोजपुर)
918. (घ) वी.पी. सिंह
919. (ग) स्वामी सहजानंद सरस्वती
920. (क) कुँअर सिंह
921. (ग) अब्दुल बारी
922. (ख) सारण
923. (घ) छपरा
924. (ग) सन् 1974
925. (ख) सर्चलाइट/प्रदीप
926. (ख) लोकनायक
927. (घ) फणीश्वर नाथ 'रेणु'
928. (ख) 5 जून, 1974
929. (घ) सात
930. (ग) 1 जनवरी, 1975
931. (ग) नई दिल्ली
932. (क) समुद्रगुप्त
933. (ग) पंचविश ब्राह्मण
934. (ख) तंत्र विद्या
935. (ख) 770 ई.पू.
936. (घ) वैशाली
937. (ग) 473 ई.
938. (क) शेरशाह सूरी
939. (ग) सिमरिया (मुंगेर)
940. (घ) उपर्युक्त सभी
941. (घ) इलाहाबाद बैंक
942. (ग) भारतीय स्टेट बैंक
943. (ग) 1954
944. (ग) बिहार राज्य वित्त निगम
945. (क) 70:30

946. (ग) 16
947. (ग) 1,486
948. (ख) आरा (भोजपुर)
949. (ग) सुबौर
950. (ख) मुजफ्फरपुर
951. (घ) बिहिया की पूरी-मुजफ्फरपुर
952. (ग) पिपरामन-परसा
953. (घ) उपर्युक्त सभी
954. (क) बदुआ बाँध
955. (ग) 76,167 कि.मी.
956. (ग) पटना
957. (क) राष्ट्रीय राजमार्ग-2
958. (ग) राष्ट्रीय राजमार्ग-31
959. (क) राष्ट्रीय राजमार्ग-15
960. (क) 2,100 कि.मी.
961. (ख) शेरशाह सूरी मार्ग
962. (ग) मोहनिया
963. (ख) जिला परिषद्
964. (ख) 1860-62
965. (ग) 5,188 कि.मी.
966. (ख) पाँचवाँ
967. (ख) पूर्वी-मध्य रेलवे
968. (ग) पश्चिमी रेलवे
969. (घ) उपर्युक्त सभी
970. (ख) 2002
971. (ग) कलिंग एक्सप्रेस
972. (क) सोनपुर
973. (घ) आठ
974. (घ) मुंगेर
975. (ग) रक्सौल
976. (ख) 2002
977. (ख) पटना
978. (क) राष्ट्रीय राजमार्ग-1
979. (घ) पटना से मीनापुर
980. (ख) बिहार सरकार
981. (घ) जैन धर्म
982. (ख) 6,90,76,919
983. (ग) 83.26
984. (ग) 16.5
985. (ख) ईसाई
986. (ख) बौद्ध
987. (क) जैन धर्म
988. (क) मुसलिम धर्म
989. (घ) उपर्युक्त सभी
990. (ख) जहानाबाद व भोजपुर
991. (घ) उपर्युक्त सभी
992. (ख) माओवादी कम्युनिस्ट सेंटर (एम.सी.सी.)
993. (ख) नवंबर 2005
994. (ख) न्यायमूर्ति एन.एन. सिंह
995. (घ) नक्सलवादियों के उन्मूलन हेतु
996. (ख) बाजार में दैनिक उपभोग की वस्तुओं में की जा रही मिलावट को समाप्त करने हेतु
997. (ग) पश्चिमी चंपारण
998. (ख) अवैध व नकली औषधियों पर नियंत्रण हेतु
999. (ख) मुजफ्फरपुर
1000. (घ) ऑपरेशन कोबरा

□□□